青年的思想愈被榜样的力量所激励，就愈会发出强烈的光辉。

主　编：
李建臣：清华大学双学位，武汉大学博士，编审，中国作家协会会员，中国科普作家协会会员，中宣部文化体制改革办公室副主任

副主编：
刘永兵：海军大校，编审，《海军杂志》原主编，海潮出版社原社长

审　定：
葛能全：中国工程院原党组成员、秘书长兼机关党委书记，曾任钱三强院士专职秘书多年

编委会成员：
董山峰：《光明日报》高级记者，《博览群书》杂志社社长，清华大学校外导师
李　颖：教育博士，清华大学社会科学学院副研究员
丁旭东：副教授，艺术学博士后，中国音乐学院中国乐派高精尖创新研究中心特聘研究员，中国人生美育研究会副主任委员，中国文艺评论家协会会员
高　伟：中国文艺评论家协会会员，清华大学博士
刘逸帆：北京师范大学中国社会管理研究院副院长，《社会治理》杂志副社长兼副总编
孙佳山：知名文艺评论家，中国文艺评论家协会会员，中国艺术研究院副研究员
董美鲜：远方出版社文化教育编辑部主任，副编审
刘　瑞：北京市西城区优秀教师，北京市西城区先进教育工作者，海淀外国语实验学校教师数学备课组长

给孩子读的"中国榜样"故事

中国地质力学的创始人
李四光

李建臣 主编

中国·武汉

图书在版编目（CIP）数据

中国地质力学的创始人——李四光/李建臣主编.—武汉：华中科技大学出版社，2020.10（2022.3重印）

（给孩子读的"中国榜样"故事）

ISBN 978-7-5680-6651-8

Ⅰ.①中… Ⅱ.①李… Ⅲ.①李四光(1889-1971)-传记-青少年读物 Ⅳ.①K826.14-49

中国版本图书馆CIP数据核字（2020）第183359号

中国地质力学的创始人——李四光
Zhongguo Dizhilixue de Chuangshiren——LiSiguang

李建臣　主编

| 策划编辑：亢博剑 |
| 责任编辑：沈剑锋 |
| 封面设计：胡椒书衣 |
| 责任校对：刘　竣 |
| 责任监印：朱　玢 |

出版发行：华中科技大学出版社(中国·武汉)　　电话：(027) 81321913
　　　　　武汉市东湖新技术开发区华工科技园　　邮编：430223

印　　刷：天津中印联印务有限公司
开　　本：880mm×1230mm　1/32
印　　张：7.5
字　　数：181千字
版　　次：2020年10月第1版第1次印刷　2022年3月第1版第3次印刷
定　　价：35.00元

本书若有印装质量问题，请向出版社营销中心调换
全国免费服务热线：400-6679-118　　竭诚为您服务
版权所有　侵权必究

推荐序

对未来的期许,应以榜样作引领

长江后浪推前浪,新时代发展将势不可当的"后浪"——青少年——的教育及其世界观、人生观、价值观培塑推到了社会大众的面前。所有对未来幸福生活的憧憬,都应该以自强不息的奋斗为底色。青少年要从小树立远大理想,培养高尚情操,发展兴趣爱好,学会独立思考,发奋刻苦读书,掌握过硬的本领,从而改变自己的命运,为实现中华民族伟大复兴的中国梦贡献智慧和力量。

习近平总书记指出:"青年的价值取向决定了未来整个社会的价值取向,而青年又处在价值观形成和确立的时期,抓好这一时期的价值观养成十分重要。"① 然而在今天,一些人更看重的是学习成绩、名校、名师、金钱、地位等。古往今来的许多事实告诉我们,一个人的学习成绩再优异、家境再优越,如果三观不正,便有可能误入歧途。一个人的尊荣,不在于他的地位、财富与颜值,而在于他对世界的贡献、对人类的责任以及对社会的担当。所有对未来的期许,都应该以榜样作引领。在榜样力量的引领下,青少年的心智将更加成熟,行为将更加理性,成长的脚步也将更加稳健。

2020年,在新冠肺炎疫情暴发的危难时刻,全国医护和科技人员逆行而上,奔赴一线抗疫。他们舍生忘死地拯救病患,有的科学家不惜冒着生命危险,以身试药,他们用"奉献指数"换回了人民的"安全指数"。这是一场没有硝烟的战役,却是生与死的较量。这是一场没有先例的疫情防控,他们用辛劳与专业换得山河无恙、人民安康。奉献不问西东,担当不负使命,在最紧要的关头,在最危险的地方,榜样的力量更加震撼人心。广大青少年应该从他们身上看到、学到中华民族抗击灾难时不屈不挠、守望相助的精神。

---

① 习近平:青年要自觉践行社会主义核心价值观——在北京大学师生座谈会上的讲话.新华网.http://www.xinhuanet.com//politics/2014-05/05/c_1110528066_2.htm

祖国是人民最坚实的依靠,英雄是民族最闪亮的记号。这套由多位专家学者编撰的"给孩子读的'中国榜样'故事"丛书,介绍了钱学森、竺可桢、钱伟长、华罗庚、钱三强、苏步青、李四光、童第周、陈景润、邓稼先等科学先驱的事迹。这些科学家学习成绩优异,大多有海外留学经历,其卓越成就获得了国际学术界的广泛认可。以他们当时的实力,足以在国外过上衣食无忧的生活,然而,他们每一个人都深知,科学无国界,科学家有祖国。钱学森说:"我的事业在中国,我的成就在中国,我的归宿在中国。"李四光说:"我是炎黄子孙,理所当然地要把所学到的知识,全部奉献给我亲爱的祖国。"邓稼先说:"假如生命终结后可以再生,那么,我仍选择中国,选择核事业。"他们不惜牺牲个人利益,远跨重洋回到生活与科研均"一穷二白"的祖国,以毕生的热血为建设新中国做出了巨大的贡献。

八十多年前,鲁迅先生在《中国人失掉自信力了吗》一文中发声:"我们从古以来,就有埋头苦干的人,有拼命硬干的人,有为民请命的人,有舍身求法的人……"历史的风雨、生活的磨难,阻挡不了这些人前行的脚步。正是这些人扛起了中华民族伟大复兴的重任,他们无愧为"中国的脊梁"。有人不禁要问,今天的青少年长大后,还能不能前仆后继地埋头苦干、拼命硬干、为民请命、舍身求法呢?今天的青少年可能要问,这些科学家这样"自讨苦吃"是为了什么？我想，这个问题用诗人艾青的一句诗来作答最适合不过："为什么我的眼里常含泪水？因为我对这土地爱得深沉……"

要回答今天的青少年还能不能前仆后继的问题，我想起了梁启超先生一百多年前的期许——"少年智则国智，少年强则国强"。毋庸置疑，今天，中国的青少年正在走向中华民族伟大复兴的未来，他们的脊梁是否挺拔，他们的智慧是否卓越，他们的信念是否坚定，都关乎国家、民族的未来。

榜样是一种动力，榜样是一面旗帜，榜样是一座灯塔，可以为当代青少年引领方向，指导他们奋勇前行。这套"给孩子读的'中国榜样'故事"丛书的出版初衷，就是希望青少年以老一辈科学家为榜样，学习他们胸怀祖国、服务人民的爱国精神，勇攀高峰、敢为人先的创新精神，追求真理、严谨治学的求实精神，淡泊名利、潜心研究的奉献精神，集智攻关、团结协作的协同精神，甘为人梯、奖掖后学的育人精神，将这些可贵的品质内化吸收为个人的精神财富与进取动力，做有理想、有本领、有担当的新时代青年。

祝亲爱的青少年读者朋友们皆能志存高远，前途无量，放飞人生梦想。

中国传记文学学会会长　王丽博士

编者序

实干以兴邦，榜样代代传

实干以兴邦，榜样代代传——正是在这种力量的感召下，无数先贤志士前仆后继，"为天地立心，为生民立命，为往圣继绝学，为万世开太平"，以中华之崛起为己任而一往无前，使中国五千年的文明得到延续，中华民族屹立于世界强国之林。习近平总书记曾经指出："一切为中华民族掌握自己命运、开创国家发展新路的人们，都是民族英雄，都是国家荣光。中国人民将永远铭记他们建立的不朽功勋。"这些英雄榜样是中华民族的脊梁，正是他们艰苦卓绝的奋斗，让中华民族从百余年前的羸弱中站了起来。

改革开放40多年来，在各种思想文化相互碰撞和价值取向多元化的情况下，青少年的思想观念、道德标准、价值取向、行为方式等都呈现出新的特点，既有积极的一面，也有消极的一面。对于青少年来说，他们正处于长身体、长知识和世界观形成的重要时期，兴趣广泛、模仿性强、可塑性大，各方面都还不成熟。复杂的社会生活环境中存在着许多不利于他们健康成长的因素，导致他们在思想上产生了种种困惑。如何对他们进行正确的教育引导，成为当今社会普遍关心的一个问题。

党的十八大以来，以习近平同志为核心的党中央高度重视青少年的思想政治教育。习近平总书记在许多场合对加强青少年思想政治教育发表了一系列重要讲话，内容涵盖立德树人、社会主义核心价值观的培育和践行、以文化人、以文育人、教育合力构建、加强党的领导等诸多方面。这些重要论述充分体现了以习近平同志为核心的党中央对青少年成长成才的亲切关怀和殷切期待，立意高远，思想深邃，形成了内涵丰富的思想政治教育理论体系，为提升青少年思想政治教育科学化水平指明了方向，提供了依据。

在对青少年的教育中，榜样的力量是无穷的。榜样是一桅风帆，帮助我们乘风破浪，驶向成功的彼岸；榜样是一盏明灯，驱走我们心中的黑暗，照亮未来之路；榜样是一面镜子，促使我们审视自身的不足，凝聚奋发向上的力量；榜样是一个指南针，引领我们找到正确的方向，从此不再迷茫。"历史烛照时代，榜样传承精神"，伟大的时代呼唤伟大的精神，崇高的事业需要榜样的引领。

为了帮助青少年向榜样看齐，向使命聚焦，汲取榜样"内在的力量"，感受其家国情怀以及进取奉献的优秀品质和崇高精神，我们编写了"给孩子读的'中国榜样'故事"丛书，选取了10位富有时代特色的榜样人物，他们是：中国航天事业的开创者钱学森、把一生献给了核事业的邓稼先、与原子共传奇的钱三强、中国近代力学的奠基人钱伟长、中国地质力学的创始人李四光、中国"问天第一人"竺可桢、为数学而生的大师华罗庚、站在数学之巅的奇人陈景润、中国克隆先驱童第周、东方第一几何学家苏步青。

这些榜样人物为我国的社会主义建设和国防安全，在各自的领域不畏艰难、开拓创新，做出了卓越的贡献，其伟大事迹彪炳人间。他们不忘初心、淡泊名利、甘为人梯、谦逊朴实、不计个人得失的崇高品质，体现了他们对祖国和人民的无限忠诚，以及对理想信念的执着追求，对青少年具有很强的感召力和教育作用。我们相信，本丛书不仅能够成为青少年喜爱的课外读物，也会是学校、家庭和有关部门对青少年进行人生观、价值观和思想品德教育的好帮手。

在编写的过程中，我们采访了10位科学家生前的同事与部分后人，查阅了大量与他们相关的书籍、访谈录、手札和本人的著作等，从中撷取了一些鲜为人知的故事，将一个个平凡而伟大的生活画面，以精彩曲折、质朴平实的文字呈现出来，使他们的高尚品德与人格魅力跃然纸上，让青少年读者产生心灵的震撼，在感同身受中对老一辈科学家可歌可敬、感人肺腑、催人泪下的动人事迹产生深切的敬意。相信他们会乐于以这些伟大的科学家为榜样，努力学习，刻苦钻研，立志掌握更多的科学文化知识，为国家的强盛、人民的幸福奉献自己的青春和热血。

目 录
Contents

第一章　少小勤学有志　　　　　　　　　　1

　　1. 以古圣贤为楷模　　　　　　　　　2

　　2. 见义勇为的少年　　　　　　　　　6

　　3. 严于律己的模范生　　　　　　　　10

　　4. 深思好问的求索者　　　　　　　　12

　　5. 心灵手巧的制造　　　　　　　　　16

第二章　孜孜求学时光　　　　　　　　　　19

　　1. 新名字报考新学堂　　　　　　　　20

　　2. 以实力争取机会　　　　　　　　　24

　　3. 东渡日本学造船　　　　　　　　　27

　　4. 攻克学业难关　　　　　　　　　　29

　　5. 发明土法滤水　　　　　　　　　　32

第三章　科学救国之路　　35

1. 同盟会最小的成员　　36
2. 最优秀的"工科进士"　　41
3. 革命浪潮中浮沉　　43
4. 赴欧改学地质　　48
5. 伯明翰大学的科学硕士　　52

第四章　开启地质人生　　57

1. 来自祖国的召唤　　58
2. 欧洲地质考察　　61
3. 北大地质系的"创业教授"　　65
4. 育人不倦　　69

第五章　坚守民族气节　　　　　　　75

　1. 伉俪情笃挚　　　　　　　　　76
　2. 蟶科化石的研究起步　　　　　84
　3. 祖国不可辱的傲骨　　　　　　89
　4. 打开科研新局面　　　　　　　94

第六章　中国地质先锋　　　　　　　99

　1. 创办地质研究所　　　　　　　100
　2. 共建武汉大学　　　　　　　　104
　3. 探寻第四纪冰川遗迹　　　　　109
　4. 独创中国地质学　　　　　　　121

第七章　战乱中无畏前行　　　　　　127

　1. 铁骨铮铮的学者　　　　　　　128

2. 威武不能屈	134
3. 善人者，人亦善之	138
4. 抗战中辗转流离	143
5. 奉若珍宝的砾石	151
6. "有了共产党，就有了希望"	154

第八章　全心为人民服务　161

1. 艰险回国路	162
2. 花甲之年谱新篇	167
3. 人尽其才百事举	171
4. 摘掉"贫油国"帽子	176
5. 寻找核工业的命脉	184

第九章　晚年的无私奉献　191

1. 七十岁的新党员	192

2. 倡导开发地热资源　　　　　196

3. 挂帅发展地震预报　　　　　199

4. 蜡炬成灰泪始干　　　　　　206

附录 李四光大事年表　　　　　214

后记　　　　　　　　　　　217

第一章 少小勤学有志

李四光出身清贫之家，但他从小在父祖辈的教育引导下，不但以古代圣贤为楷模，勤劳节俭、乐于助人、严于律己，而且勤奋好学、深思善问、心灵手巧。当同龄的孩子还在四处玩耍时，他已经知道要珍惜时间、努力学习，并且立下了大志——长大后一定要为中国人争口气。

1. 以古圣贤为楷模

黄冈市黄州区，位于大别山南麓、长江中游北岸，地势险要，与鄂州隔江相望，是湖北"雄峙江浒"的重要门户。如今说到黄冈，很多人会下意识地想起声名在外的黄冈中学、"黄冈密卷"，其实黄冈重视教育的观念由来已久。作为鄂东文化的发祥地之一，它曾经孕育了一大批科学文化巨匠，如活字印刷术发明者毕昇、医圣李时珍、爱国诗人学者闻一多、国学大师黄侃、文学评论家胡风等，而李四光作为"中国地质之父"自然也是其中的一员。

在黄州城北25公里处的团风县回龙镇，有一座海拔约500米的小山，属大别山的龙王山支脉。这座小山并不高，但地理位置却十分显要——背靠大别山，面临长江。

当地人都称这座景色优美的小山为回龙山，而这个名字则源于一个美丽的传说。据说在很久以前，有9条青龙

第一章　少小勤学有志

住在这一带，后来，因为龙王要与潭里的怪兽恶斗，便下令让9条青龙飞回龙宫，准备战斗。但在它们回去的路上，有个最小的龙娃留恋故土，不想离去，于是悄悄地独自返回，从此再也没有离开过。历经岁月的沉淀，渐渐地，它与周围的万物融为一体，最终化作一片起伏的山峦，山上的一草一木也都成为丰饶的物产，泽被乡里。当地百姓都很感激它，于是将龙娃化成的这座山叫作回龙山，意为回归人间、与民同乐。

回龙山下，水塘与村庄交错，水光山色，交相辉映。1889年10月26日，回龙山下的下张家湾村，秀才李卓侯家张灯结彩，因为家里又添了一个男孩。李卓侯为孩子取名为李仲揆，这就是后来的李四光。

李仲揆的祖父库里是地道的蒙古族人，因为家境贫寒，在清朝光绪末年从蒙古草原一路乞讨，辗转来到湖北黄冈回龙山下，在下张家湾村一座破烂不堪的破庙里定居下来。这以后，为了生活方便，库里改姓李，还娶了当地的一位汉族姑娘为妻。由于既通蒙古语又懂汉语，他办了一家私塾，教儿童读书识字，空闲时则上山砍柴变卖，勉强糊口度日。

李仲揆的父亲李卓侯从小随父念书，成绩优秀，长大后顺利考中了秀才。但是他看轻仕途，选择继承父业，将村里的一座庙宇修缮一新，在那里开办了私塾。李仲揆的母亲姓龚，待人宽厚，勤劳节俭。

李卓侯夫妇一共生育了四儿二女，其中有个女儿送给远亲抚养，李仲揆排行第二。李家三世同堂，家中共有九口人，但家里只有几间房舍、三亩土地，人多田少，而且一家人老的老，小的小，李卓侯就成了家里主要的劳动力。为了养家糊口，他一边教书，一边与一户徐姓人家合作种地。

当时私塾收的学费很低，一个学生每年只需交几斗粮食或百文左右铜钱，所以李卓侯的收入并不高。遇上好年景，九口之家省吃俭用，倒也可以勉强维持温饱。可若庄稼歉收，就难免面临无米下锅的窘境，不得不向地主借高利息的谷子，以度过饥荒。尽管生活比较艰难，但李家上慈下孝，相亲相敬，日子倒也过得其乐融融。

家庭的耳濡目染，使李仲揆从小很孝敬、懂事，也养成了吃苦耐劳的品格。当时他家是父亲主外，母亲主内，父亲在外教书、种地，母亲则主要负责家中事务，照顾年迈的公婆和年幼的孩子。为了赚钱改善家中经济状况，母亲还争分夺秒，挤出时间来织麻纺线。李仲揆看着母亲天天忙得像个陀螺似的，难得有空闲，很不忍心，总想做点事情减轻母亲的负担。到五六岁时，他便开始做些力所能及的家务，如扫地、舂米、推磨等，干得十分起劲。他小小的身体里似乎蕴藏着巨大的能量。往往村里的人还没起床，天还没有彻底放亮，他已经从山上砍柴回来了；下午放学后，他也总是满载而归，回到家里放下柴火，他又赶紧帮母亲生火做饭。

母亲看着懂事的儿子，既欣慰又心疼，担心他小小年纪，干这么重的活，影响身体发育，让他少干点。李仲揆却伸伸腰杆，装出一副很轻松的样子，宽慰母亲说这点活儿根本不算什么，以后他会负责家里的烧柴。母亲听着，眼泪不自觉地涌了上来。这时，哥哥恰好从地里干活回来吃饭，知道事情的原委后，他心里一阵愧疚，连忙安慰母亲，并且表示以后会和弟弟一起上山砍柴。李仲揆想到哥哥除了到学堂念书，还得到地里帮忙，忙劝阻道："不，哥哥，家里的事我也帮不上太多的忙，砍柴的事还是让我来吧，你们都不用管了。"

乡亲们知道后，都羡慕地议论道："李家的兄弟姐妹之间互相关心，互相帮助，而且懂得孝敬老人，家风真好！这可是八辈子才能修来的福气！"

李仲揆一家的事迹渐渐在回龙镇流传开，人人都夸李家有个好门风。这跟父辈的言传身教有很大的关系。心地善良的祖父一向疼爱孩子，后来即使卧病在床，仍然不忘教导孙辈读书、做事、为人的道理。李仲揆天资聪颖，更得祖父喜爱，祖父一有空便给他讲古代圣贤的故事、太平军在黄冈战斗的情形，或者天马行空，无所不谈。听祖父讲故事，成了李仲揆闲暇时最喜欢的一件事情，并且受益匪浅。他还经常把祖父给自己讲的故事，再讲给别的小朋友听。可惜这样的日子并不长久，李仲揆刚满5岁时，祖父便永远地离开了人世。

临终前,祖父拉着李仲揆的手说:"仲揆呀,一定要记住,以后做个善良、正直的人,向古圣贤学习,也向你父亲学习,像他那样关心他人、见义勇为……"尽管年纪还小,但李仲揆牢牢地记住了祖父的嘱咐。

2. 见义勇为的少年

作为一个熟读诗书的秀才,李仲揆的父亲李卓侯不仅思想进步、学识渊博,而且品德高尚。他热心于发展乡村教育事业,将私塾改为学堂,为黄冈培养了不少人才,深受乡亲们的好评与爱戴。他的学堂在当地颇有名气,后来被县里改为公立小学,取名"东乡小学",并任命李卓侯为校长。

父亲乐于助人、心怀天下的高尚品格,对李仲揆后来养成正直无私的人格影响极大。在李卓侯眼里,乡亲们的困难就是自己的困难。附近的乡邻遇有难事,他总是尽力帮助解决,深得大家的尊重和信任。

在李仲揆眼里,父亲是一位关心国家大事、思想进步的开明人士,而不是"一心只读圣贤书,两耳不闻窗外事"的迂腐书生。当年革命团体日知会曾在黄冈进行反抗清朝统治的秘密活动,李卓侯与县城里的小学教师吴贡三、殷子衡往来密切，他们就是日知会的骨干成员。有时需要编写反清宣传资料，他们就请文笔较好的李卓侯帮忙。

一天傍晚，李仲揆见父亲在书房里奋笔疾书，便走进去想看看父亲在忙什么。李卓侯听见有脚步声，不禁有些慌张，连忙扯过一张纸盖住自己正在写的文稿，回头一看是儿子，他这才松了一口气。

李仲揆看见父亲如此紧张，便好奇地问道："爹，你在写什么呀？"

李卓侯欲言又止，不知道该怎么对儿子说，不过他觉得应该对儿子坦诚，于是拿开稿纸上面盖着的白纸，赫然露出"孔孟心肝"四个大字。

"孔孟心肝？这是什么意思？"李仲揆一头雾水，完全不解其意。

李卓侯慈祥地拍了拍他的脑袋，让他坐下来，解释道："孔子和孟子都主张施行'仁政'，反对'苛政'，如今清王朝表面上尊奉孔孟之道，实则草菅人命、卖国偷生，所以，我们要号召中华儿女尽快觉醒，团结一致，推翻这个对内残暴统治、对外屈服于帝国主义的腐朽朝廷。"

李仲揆似乎要打破砂锅问到底，继续问道："那要怎么做呢？"

父亲默默无言，拿起笔，在一张纸上龙飞凤舞地写了四个大字——"民主共和"，然后严肃地说："民主共和是国家大事，现在你可能还理解不了，但以后总会明白的。

而你现在要做好自己的本分,牢牢记住一点,不聚细流无以成江海,做大事必须先从小事做起,从日常生活的点滴做起,首先要做一个弃恶扬善的好少年,明白吗?"

父亲庄重严肃的态度感染了他,李仲揆郑重地点了点头,从此努力践行这一准则。

这年冬天,一个寒冷的夜晚,学堂里有个同学突然发现盖在被子上的棉衣不见了,于是叫醒大家起来抓小偷。屋子里顿时炸开了锅,同学们分头行动,仔细查找,果然在房间的一个角落里发现了一个孩子,怀里抱着棉衣,看来就是那个偷棉衣的人。大家都很气愤,不由分说地用绳子把小偷捆了起来,吊在房梁上,你一拳我一脚,边打边骂,打得小偷连连求饶。

李仲揆见状十分不忍,他见那个孩子身上穿的衣服破破烂烂,想必是来自穷苦人家,便劝阻大家不要再打了。然后,他搬来一张板凳,让那个孩子的脚踩在上面,苦口婆心地劝道:"看你的样子,一定是穷得没办法了才偷人东西。可你有没有想过,这里都是穷人家的孩子,你把别人的棉衣偷走了,别人是不是就要挨冻?我们人穷但志不能穷,再苦再难也不能伤害别人呀!"那个孩子听了李仲揆的话,羞愧得红了脸,并诚恳地向大家认了错。同学们大多来自穷人家,了解穷人的苦处,也都同情那个穷孩子,便把他放了。

还有一个冬季的夜晚,劳作了一天的人们陆续进入了梦乡，突然，一阵凄厉的叫喊声打破了村子里的宁静："着火啦，着火啦！快来人啊！"大家惊醒过来，走出家门一看，原来是村里的"河南大婆"家不小心失火了。一人有难众人帮，热心的村民有的拿着家里的桶，有的端着盆赶去救火。李仲揆也被喧闹的人声吵醒，他马上从被窝里爬起来，穿好衣服和鞋子，拎起家里的小水桶就往外跑，加入救火的队伍。他一次又一次地从池塘里提了水，跑到着火的房子那里，将水泼过去……

　　母亲很快发现李仲揆不在家，料定他肯定是跑去救火了，母亲担心他的安危，赶紧去找他，但始终没有看到他的身影。大火扑灭后，李仲揆才一脸烟灰，手里提着一个水桶，全身湿漉漉地回到家里。母亲看见他后，接过他手里的水桶，一把将他搂进怀里，心疼地说："仲揆，你小小年纪就跑去救火，万一有个什么闪失……"母亲哽咽着说不下去了。

　　李仲揆见状，赶忙安慰母亲："妈，人多力量大，我虽然年纪小，但多少也能帮上一点忙！再说，爹爹不是也经常教导我们要见义勇为吗？救火的时候我小心着呢，你看我这不是好好的吗？"

　　母亲听了，默默地点点头，让儿子赶紧去冲洗干净，换上干净的衣服。穿衣服的时候，李仲揆像是想起了什么，问母亲家里有没有多余的大人穿的旧棉衣。母亲有些奇怪，不知道他想干什么。原来，李仲揆看见"河南大婆"被救出来的时候,因为没穿棉袄,在寒风中冻得直发抖,十分可怜,他想送一件棉衣给"河南大婆"。母亲也为他的善心所感动,当即从柜子里取出一件平时舍不得穿的半新棉袍,让他赶紧送过去,还嘱咐他看看"河南大婆"还缺不缺东西。"河南大婆"穿上李仲揆送来的棉袍后,感动得拉着他的手,说他小小年纪就有菩萨心肠,真是个好孩子。

前来救火的乡亲们也冲李仲揆竖起了大拇指。父亲李卓侯知道这件事后,也夸奖他说:"仲揆真是爹爹的好儿子,将来长大了要多学点本领,救济天底下的穷人!"

3. 严于律己的模范生

李仲揆 5 岁时,在父亲的安排下,由一位人称"陈二爹"的老先生进行启蒙教育。到 6 岁时,他才转到父亲创办的学堂念书。在学堂里,他学习认真,尊重老师,遵守纪律,赢得了师生们的一致肯定,大家都很喜欢他。

有一天,李卓侯要外出办事,于是给学生布置了一些作业,然后拜托寺里的一个老和尚帮忙看着,维护课堂秩序。然而,学生们看见老师走了,顿时在教室里闹腾起来,一个顽皮的学生提议说,既然先生不在,不如好好玩一会儿。孩子们立马响应,很快便把课桌拼起来,搭成一个戏台,然后大家轮番登台表演,教室里充满了打闹声、尖

第一章　少小勤学有志

叫声。

老和尚在一旁急得团团转,想要制止他们,但大家充耳不闻,依然我行我素。更有甚者,有的学生居然提议去外边的农田里弄点吃的回来,正所谓一呼百应,孩子们都连声叫好,很快做好分工,有的在学堂外面生火,有的则去摘花生、挖山芋,打打闹闹地美餐了一顿才老实下来写作业。

黄昏时分,李卓侯回来了,老和尚把课堂发生的事情告诉他,他听了不由得皱起眉头,想了想又问老和尚,李仲揆下午都在干些什么,有没有参与胡闹。老和尚双手合十,如实道来:"阿弥陀佛,善哉善哉!李先生出去后,所有的学生中,只有你家公子没有捣乱,乖乖地在一旁认真写作业。后来,因为课堂里实在太嘈杂了,影响学习,他才一个人躲到天井去看书。"

听说儿子能不受周边的环境所影响,坚持做正确的事情,李卓侯心里很高兴。

上学期间,李仲揆总是尽量在课堂上完成当天的作业,放学后帮忙做一些家务,晚上则和哥哥一起挑灯夜读。为了让儿子们更好地学习,母亲特意在灯碗里放了两根灯芯,但是为了节省灯油,母亲走后,李仲揆就把其中一根灯芯灭掉。母亲发现后,总会心疼地让他点上两根灯芯,因为李卓侯也交代过,用不着太省,千万不能损坏了孩子的眼睛。

一天晚上，李仲揆坐在油灯下背书，因为白天干了一天活，他太累了，不由得打起瞌睡来，结果头发碰到了灯火，前额的头发被烧焦了一片。母亲闻到焦发味后，急忙走过来，抚摩着他的头，疼爱地说："仲揆啊，头发又烧了，困了就去睡觉吧。"李仲揆却执拗地表示，不把书背完，就不睡觉。母亲好说歹说，终于说服他睡觉去了。

也正是这种刻苦学习的精神，使李仲揆的学识突飞猛进，为他后来继续学习深造打下了牢固的基础。

4. 深思好问的求索者

李仲揆从小就养成了勤奋读书、深思好问的好习惯，每当遇到自己不理解的事物，他总是追根究底，不弄明白绝不罢休。

有一次，父亲因事前往团风镇，为了让李仲揆增长见闻，就带上了他。团风镇坐落在长江边上，湍急的江水奔涌向前，其宏伟壮观的景象令李仲揆惊叹不已。更让他感兴趣的是江中行驶的轮船，这是他第一次看见这么大的船，父亲告诉他，那是火轮船。

李仲揆没想到火轮船这么大，不知道它是用什么材料做成的，父亲告诉他是用钢铁造的。李仲揆更加好奇了，钢铁那么沉的东西，居然也能浮在水面上。父亲笑着解释："这个嘛，船舱是空心的，所以能浮起来。"

可是，这船没有人摇橹，也没有船帆，它是怎么跑起来的，还跑得这么快！父亲也许是看出李仲揆心里充满疑问，又指着船上一根冒着浓烟的"大烟囱"说："这根大烟囱下面有个大锅炉，锅炉里装满了水，工人们用煤炭把锅炉里的水烧开，水就变成了蒸汽，蒸汽累积越多，压力就越大，然后推动机器旋转，就能带动大船在水面上行驶了。"

李仲揆听了似懂非懂，但至少他明白了一点，原来火轮船还有这么多的学问。

"以后如果有机会看到海上的轮船和军舰，你会发现比这个大多了！"父亲说着，似乎想起了什么，眼神不禁黯淡下来，"不过咱们中国还是缺少好军舰啊，前几年北洋水师和日本的军舰在海上大战了一场！可惜……"往事不堪回首，父亲长叹了口气，沉默了。

李仲揆多少听说过一些，知道父亲说的是清朝打了败仗的甲午海战，于是问父亲："清朝的军舰为什么打不过敌人呢？"

父亲看着他，脸上的神情变得凝重起来："清朝造不了军舰，都是从外国买，但人家肯定不会把最好的军舰卖给咱们，所以在战斗力上，咱们总是差一截。其实中国的水师将士都很勇猛，当时'致远'号军舰的管带邓世昌指挥全舰官兵奋勇作战，但被日舰包围，'致远'号受了重创，炮弹也用完了。邓世昌就下令开足马力向日军主力舰"吉野"号冲过去，想要与敌人同归于尽，但'致远'号即使使出最大的气力，也还是追不上日本人的'吉野'号，结果被日寇发射的鱼雷击中，舰上250多名官兵全部壮烈牺牲……"

李仲揆感觉一股闷气憋在胸腔里无处发泄，与父亲的这次谈话，使他明白了中国在甲午海战中失利的原因。他在心里立下了一个誓言，长大后去学造船，造出更快更大的军舰，给中国人争口气，让中国人不再受外敌欺负！

生活中让李仲揆感到好奇的事情实在太多了，他的脑袋转不停，嘴巴也总是问不停，但并不是所有事情都能从大人那里得到确切的答案，这些疑问也就成了他后来探索不止的课题。

在下张家湾村的坪坝上有一块很高很大的石头，李仲揆和其他孩子一样，平时很喜欢在这块石头上爬上爬下地玩，不过，他心里也产生了一个疑问：这块平地上的大石头是从哪儿来的呢？为什么周围没有这种石头？他百思不得其解，只好去找自己的启蒙老师陈二爹，希望能从他那里得到解答。陈二爹虽然也觉得奇怪，但从来没有深入思考过这个问题,看着李仲揆期待的眼神,他只能说"也许是从天上掉下来的"。

这个含糊的答案无法让李仲揆满意,于是他又去问父亲,并把陈二爹的回答告诉父亲。但父亲也说不上来,只能根据陈二爹的看法再深入解释一下,他说:"这是流星,天上的星星掉下来就变成了石头,也就是'陨石'。"

李仲揆看出陈二爹和父亲都解释不了,但他也只能先把这个疑问放在心里,直到后来他去英国留学,学习了地质学,才了解到冰川能够推动巨大的石头旅行成百上千里。后来,他又回到家乡对这块大石头进行仔细研究,发现这是片麻岩,而非陨石。但是,这一带几乎没有片麻岩,具有这种构造特征的岩石最近的是在秦岭,片麻岩要从那么远的地方过来,只有一种解释,那就是冰川。1933 年,他在论文《扬子区流域之第四纪冰川期》中分析认为,家乡这块孤独的巨石不是从天上掉下来的,应该是冰川漂砾,是冰川从远方运过来的巨大砾石。

这件事也说明,从少年时代起,李仲揆便已经产生了探索大自然奥秘的特殊兴趣。从中我们能收获一点:兴趣所致难以在短时间内让我们取得非凡的成就,而需要多年的耕耘才能实现。

5. 心灵手巧的制造

李仲揆不仅学习勤奋、喜欢思考，还是一个头脑灵活、富有创造力的少年。即使是干普通的农活，他也不忘琢磨研究，以便做得更快更好。

读书之余，李仲揆经常帮母亲做家务，有时要舂米。舂米就是把稻谷去壳的过程，首先把稻谷放在石臼里，在木头架上放置一根横杠，横杠的一端装上一块圆形石头，然后人用脚踩踏横杠的另一端，这样就可以带动石头上下起落，石臼里的稻谷经过反复捣击，最终脱掉皮壳。

这个活计一般由壮年男子负责，但父亲太忙了，舂米往往是母亲在做。看着母亲舂米时吃力的样子，李仲揆很想为母亲分忧解劳，但他的力气更小，踩不动沉重的石头，他就想，有没有什么省力的方法呢？他围着舂米的工具研究了很久，又仔细观察人们舂米的动作，发现大家舂米时手是闲着的，只用脚在踩。他灵机一动，如果把手也用上的话，或许可以省点力气。说干就干，他决定亲自试验一下。他向母亲要了一根结实的绳子，将绳子一端拴在装有石头的踏杠上，然后把绳子吊到柱子上，另一端则抓在手里，脚往下踩的同时双手用力拉绳子，这样就省力多了，他也能"轻松上阵"。

第一章　少小勤学有志

　　邻居们听说李仲揆小小年纪就能独自舂米，刚开始都不相信，后来亲眼看见他手拉脚踩地舂米，都由衷称赞道："这孩子真是又聪明又孝顺，长大后一定有出息！"

　　每逢春节，有钱人家的孩子不仅吃得好，还有新衣服和玩具，欢欢喜喜地过年。李家经济条件不好，加上孩子又多，李仲揆和兄弟姐妹们根本不能奢望父母给他们买玩具。不过，这事难不倒心灵手巧的李仲揆，他决定自己动手做玩具。他到山上砍来竹子，剖成细条，然后编成一个小巧精致的灯笼，再涂上颜色或者画些图画装饰，里边再点上蜡烛，晚上打起来，一点也不比买的灯笼差。他把小灯笼送给弟弟妹妹当作新年礼物，弟弟妹妹都十分高兴，遇人就说："看，这是二哥给我们做的，比买的还漂亮！"

　　几十年后，妹妹李希白回想起当年的情景，脸上不由自主地浮现笑容，似乎又回到了当年和兄弟姐妹们在一起玩耍的无忧无虑的童年时光。

　　有一次，李仲揆还亲自动手做了一艘小火轮。自从父亲跟他说小火轮是用钢铁做的，他便抽空去洋铁铺看师傅们干活，并捡些碎铁片回家。他学着师傅们的样子先在纸上画图样，然后照着图样剪好铁片，再用小锤子一点点地敲打成自己想要的模样。

　　起初没有人知道他要做什么东西，过了几天，他终于在家人面前亮出自己的作品，原来是一艘像模像样的小火轮。全家人都十分吃惊，父亲高兴地夸赞道："仲揆只是上次跟我去团风镇的时候见过火轮船，没想到居然自己做了一艘出来！"

母亲拿起小火轮，上上下下、前前后后地仔细打量着，她一边看一边说："这跟我坐过的火轮船一模一样呢！仲揆，你可真能干！"

"二哥，这个小火轮能在水里漂起来吗？"妹妹李希白好奇地问道。

李仲揆笑着点点头，信心满满地说："我看行，咱们这就去试试！"

弟弟妹妹们听了，都乐得蹦了起来，跃跃欲试地跟着仲揆出了家门，往池塘边跑去。村里的几个孩子看见后也跟了过来，消息像长了翅膀一样在全村传开了，大人孩子都纷纷前来围观。在大家将信将疑的目光下，李仲揆小心翼翼地把小火轮放到水里，小火轮果然漂起来了，围观的人啧啧称奇。

在大家的称赞声中，李仲揆心里萌发出一个愿望——长大以后学造船，要造又大又快的船。

后来在英国留学时，李四光还给导师威尔士教授的孩子们做过不少玩具，其中有一个是单翼飞机模型，这是一种新式武器，在第一次世界大战中首次亮相，孩子们对它爱不释手。

第二章　孜孜求学时光

怀揣报国之志，少年李四光离开家乡，来到省城武昌，考入西路高等小学堂。之后，他以优异成绩争取到了公费留学的机会，东渡扶桑到东京弘文学院学习，后又进入大阪高等工业学校系统地学习造船，初步实现了他为祖国学习造船的心愿。

1. 新名字报考新学堂

1902年，13周岁的李仲揆面临着人生的一个重要抉择。一天，他听人说武昌开办了新学堂，可以免费读书，而且成绩优异者还能公费"留洋"。据说录取条件不高，只要求能背诵一两本经书，粗通文理，年龄在11至14岁之间即可。

对于穷人家的孩子来说，这个机会实在太难得了。李仲揆自信自己能达到录取标准，年龄也正合适。他十分心动，很想去报考，可是兴奋的心情还没维持多久，他便冷静下来。如今父母正一天天变老，而弟弟妹妹们年龄还小，他和哥哥是家里的主要劳动力，如果他离家上学，家里就少了一个劳力，父母的负担就更重了。一连几天，他都心事重重，茶饭不思，而他的心事显然瞒不过父母的眼睛。李卓侯是当地小学校的校长，自然也听到了一些风声。

第二章 孜孜求学时光

清朝末年,面对装备精良、船坚炮利的西方列强,清政府内部出现了以曾国藩、李鸿章、左宗棠、张之洞为代表的洋务派,他们主张"中体西用",即用西方先进的科学技术来维护清朝的统治。张之洞作为湖广总督,通过在湖北开矿办厂,兴办新式学堂来实践自己的主张。自1902年起,在张之洞的主持下,湖北武昌先后开办了5所高等小学堂,分别称为东、西、南、北、中路新学。这些新学堂既教学生学习"四书五经",又教授一些现代科学知识。学校除了免费提供住宿、伙食、校服和日用品外,还会选派其中的品学兼优者到国外公费留学。

李卓侯深知这是一个千载难逢的机会,他也看出这个儿子很有发展潜力,若能给他提供学习机会,将来必有一番作为。

这天,李仲揆从地里干活回来,刚走到家门口,母亲便笑着迎上前来,让他赶紧去书房找父亲,有要紧事要跟他商量。李仲揆心里"咯噔"一下,担心有什么不好的事情要发生。他忐忑不安地来到书房,进去后,看见父亲端坐在书桌前,似乎正在思考问题。他开口叫道:"爹!"父亲回过头来,和蔼地指着旁边的凳子示意他坐下,然后说:"听说省城创办了几所新式学堂,我和你娘商量了一下,从明天起,你就不要下地干活了,认真复习,准备报考新学堂。"

李仲揆以为自己听错了,不确定地问道:"爹,您要让我报考省城的新学堂?"

父亲看见李仲揆一脸惊讶的样子,不由得笑了,说道:"你没听错,我是打算让你考新学。不过,湖北省这么大,报考的人肯定不少,但只招收500人,考上的难度可不小呀!"说着,父亲递给他几本书,让他抓紧时间学习。

两行热泪不知不觉地从李仲揆的脸上流了下来,他心情十分复杂,一时竟不知道说什么才好。父亲伸出宽厚的大手,为他抹去脸上的泪水,鼓励他说:"孩子,好好复习吧,全家人的希望都寄托在你身上了。"

1902年冬天的一个早晨,寒风刺骨,长江上雾茫茫一片。李仲揆穿着母亲用当年的嫁妆改制的蓝色棉袄,拿着父亲从乡亲们那里拼凑借来的路费,带着简单的行李,登上一艘前往武昌的小船,独自从黄冈到80公里外的武昌求学。

小船逆流而上,老艄公用力地摇动船桨,刚到江心,李仲揆突然听到远处传来一阵马达的轰鸣声。他定睛细看,只见一艘挂着外国国旗的军舰正朝他们这边冲过来。来到近处时,军舰激起的波浪使他们的小船忽上忽下,左右摇晃,几乎被掀翻。李仲揆坐在船里,两手紧紧抓住船舷,十分紧张。

外国军舰过去后,江面渐渐平静下来。李仲揆问老艄公:"老伯伯,长江里怎么还有外国军舰?"

"孩子,你是头一次坐长江的船吧?自从清军被八国联军打败后，长江里的外国船就多了。"

李仲揆听了没有说话，他看着滚滚流逝的长江水又想起自己造轮船的梦想……"孩子，武昌到了！"老艄公的提醒打断了他的思绪，他连忙拿起行李，辞别老人，走下船去。

武昌城里的一切都让他感到新鲜，这里车水马龙，店铺林立，各种新奇事物应有尽有，令他眼花缭乱。

对他来说，当务之急是找到省府的守备衙门，所以他顾不得眼前的热闹景象，一边走一边打听，终于来到了目的地。站在衙门大院外，他整理了一下衣服，用手擦了擦脸上的汗水，定了定神，大踏步走了进去。

根据入学规定，李仲揆需要买一张考生登记表，填写相关资料。登记表只是一张薄薄的纸，但他拿在手里却感到沉甸甸的，因为里面饱含着父母的恩情和厚望，也关系到他未来的命运。他拿起笔开始填表，也许是因为激动，他在表格的首栏"姓名"处误写了自己的虚岁年龄"十四"。他在心里骂自己，怎么这么粗心呢？这下得重新买一张登记表才行，可是，他实在舍不得花这个冤枉钱，怎么办？

李仲揆盯着这个"十"字看了好一会儿，脑子里突然冒出一个主意，他不禁又高兴起来，就这么办吧！于是，他提笔在"十"字两侧添上一撇一捺，又在下边补了个较小的"子"字，就成了一个"李"字。可是，问题还没有彻底解决,"李四"这个名字实在太俗了。他抬起头,一眼望见中堂上悬挂着一块牌匾,上书四个醒目的大字——光被四表。

"光"字闪过他的脑海,让他眼前骤然一亮:"有了,在'四'字后面填上'光'字不就成了吗!"填好后,他在心里默念"李四光、李四光",越念越振奋:"四光、四光,光芒四射,光照四方!以后就叫这个名字了!"这一改动可谓神来之笔!随后,他小心地把剩下的表格填好,交了上去。

考试开始了,李四光自信地走进考场。几天后,考试结果公布,他顺利被西路高等小学堂(也称第二小学堂)录取。喜讯传开后,家人都高兴不已,乡亲们也纷纷前来祝贺。知道他改名的事情后,乡亲们从此也改叫他为"四光"。

2. 以实力争取机会

进入西路高等小学堂后,李四光如鱼得水,这里的环境跟以前他上的私塾简直是天壤之别。新学堂高大敞亮,功能齐全,设有勤习所、自习所、养病所、图书器具所等,分工明确。他很珍惜这个来之不易的机会,学习更加用功了。

第二章 孜孜求学时光

当时学校开设有修身、读经、中文、算术、历史、地理、格致、绘图、体操等课程。每天上课6个小时，其中，读经2个小时，学制为4年。

因为从小在私塾学习，李四光的文科基础比较扎实，对于学校开设的修身、读经、中文、历史和地理等各门课程，他学起来驾轻就熟，而且善于把学到的知识融会贯通、灵活应用。而他对理科，尤其是对西方科学知识很感兴趣，深思好问的天性使他热衷于探索大自然的奥秘。通过学习数学以及物理、化学等"格致"课程，他的逻辑思维能力得到很大的提高。

在这里，他每一天都过得很充实，每个月都有明显进步，各科成绩在班里一直名列前茅，得到老师和同学们的一致肯定。

根据学校规定，每个月安排一次考试，排名前五的学生有机会得到官费出国留学的名额。接连两个月的考试，李四光都高居榜首，显然具备了首批出国的资格，但留学人员走了一批又一批，始终没有轮到他。

遇事一向喜欢刨根问底的李四光，心里充满了疑问。他猜想其中大概有什么不可告人的秘密，不管怎样，他一定要查问出真相。于是，他去请教平时很关心、器重自己的张先生。

张先生知道他的来意后，欲言又止，最后还是决定据实以告："四光，你学习成绩虽然很好，但是家庭出身比不上人家啊！你想想看，那些被保送出国的学生，哪个不是来自权贵富豪之家？可你的父亲只是一个清贫的教书先生，哪里轮得上你呢！"

李四光恍然大悟，同时，他内心也充满了愤怒。如此不公平的处理方式，显然违背了学堂的办学初衷。"我得去问个明白！"说完，他气冲冲直奔学务部门的办公处。

不出所料，李四光与学校的理论不可能有结果。他一时冲动，竟不告而别，乘船前往上海，打算自己去日本留学，他可以一边上学一边打工。但是，刚到上海他就发现自己太幼稚了，这样做根本行不通，只得灰溜溜地回了学校。

学校方面因为他擅自离校，想要开除他，幸亏张先生从中周旋，极力为他说情，向学校提议说："李四光的学业确实优异，他这也是求学心切，一时冲动，才有如此鲁莽的行为。不如这样好了，学校择日举行一次留学考试，如果李四光仍然考第一，说明他真有实力，是个值得培养深造的人才，不妨选送日本留学；如果他考试发挥不好，再开除他也不迟。"校方经过考虑，同意给李四光一个机会。

李四光意外得到一个证明自己的机会，自然满心欢喜，同时他也相信自己能考第一。果然，留学考试成绩出来后，李四光再次名列榜首。全校师生听说这件事后都深受鼓舞。

张先生也很高兴,认为他是省城学堂中当之无愧的佼佼者。

1904年7月3日,《鄂督抚致外务部文》上报了各类学堂的留学人员名单,李四光名列其中。这次湖北省各类学堂一共选派了90名学生前往日本留学,其中,高等小学堂有4人,即东、西、南、北路各一人。作为西路高等小学堂的唯一人选者,李四光心里明白,这次他能被选派出国留学,除了学习成绩优异外,还要感谢张先生的仗义执言。为此,他在临走前特意去拜访了张先生,当面表示谢意,并袒露了自己留学的志向。

3. 东渡日本学造船

1904年暑期,年仅15岁的李四光辞别父母,带着亲人的嘱托和继续深造的美好意愿,从湖北顺长江而下,赶赴本届留日学子的集合地点——上海。来自各地的留学生将从上海搭乘远洋轮船前往日本。大家都很兴奋,畅想着美好的未来。

眼前的轮船令李四光想起小时候在团风镇看见的火轮船,那个时候他曾经幻想过,在大海中航行的轮船会有多大呢?会是什么样子?自己什么时候能亲眼看见海上的大船?现在他终于如愿以偿,而且还要乘坐这艘远洋巨轮前往他国留学深造。这让他心里既激动又紧张。

随着汽笛长鸣,轮船启航了。李四光走到宽大的甲板上,望着渐渐远离的国土,内心充满感慨,也对祖国和亲人产生了眷恋之情。很快,轮船进入公海,李四光往前进的方向看去,只见船头悬挂着一面日本国旗,这让他心里感觉很不是滋味,又想起了甲午海战的耻辱。

在那遥远的过去,中华民族丰富灿烂的文化曾经吸引了无数日本学子前来学习,到了近代,中国在愚昧腐朽的封建统治下,面临着被列强瓜分的严重危机。而国土狭小、资源贫乏的日本通过明治维新挣脱了封建枷锁,渐渐走上富国强兵之路,将中国远远地抛在后面……想到这些,李四光思潮翻涌。这次出国深造,他已经抱定目标,那就是求知报国,振兴中华!辽阔的海洋使他看到了世界的广大,内心涌动着一股难以言喻的激情,这股激情激荡起理想的风帆,在他胸中翻卷奔腾,奔向远方。

当李四光等19名学生到达东京时,中国留日学生总会湖北分会为他们举办了欢迎仪式,热情地接待了他们。不幸的是,李四光因为出国前的一顿欢送宴会,多吃了些荤腥,在海上又着了凉,结果引起腹泻。医院诊断为痢疾,把他送进了传染病医院,经过一段时间的治疗才得以康复,而他的肠胃也从此留下隐患,后来转为慢性痢疾,时好时坏,对学习、工作产生了不良影响。日本医生叮嘱他以后少吃肉,他便打定主意,一辈子少沾荤腥。而他也确实做到了,后来不管生活如何改善,他几乎顿顿粗茶淡饭,偶尔才吃点鱼和鸡蛋。朋友们还因此打趣他："李四光只吃不会叫的东西。"因为蔬菜的确不会叫，而鱼和蛋也偏偏都是"哑巴"！

4. 攻克学业难关

按照留学生监督的规定，李四光一行到达日本后，首先进入弘文学院学习。这是一所专为中国留学生设立的普通中学，因为刚到日本的中国留学生通常无法使用日语进行交流和学习，所以要先在弘文学院的普通科学习日文和初级中学的数学、物理、化学等课程，读满3年后才能报考日本的专科学校。

弘文学院有十几个教学班，每班四五十人。所有班级都是以中国地名来命名，这让李四光备感亲切。

清政府的学部规定，中国留学生每个月可领资助金33日元，其中包括当月的学费和食宿费，需要提前扣除，所以实际上每月只有8日元可供个人支配。不过，李四光从小就过惯了苦日子，并没有感到不适应。因为肠胃功能不好，不能吃荤，他经常把大米放进暖水瓶里焖泡成粥，然后就着咸菜吃，这样就免去了去食堂吃饭的花销。省下的钱，他寄回国内供弟弟妹妹们上学，减轻父母负担。对于这样的生活，他已经感到很满足了。

在学习上，为了学到真本领，李四光加倍刻苦努力。每当春天来临，别人去欣赏美丽的富士山风光和樱花时，他在埋头钻研知识；当别人去品尝日式料理、享受日本温泉时，他在认真地研究老师的讲义；当别人去看歌舞伎表演时，他在"啃"读日文专著。

3年很快过去了，1907年7月，李四光以全优的成绩从弘文学院毕业，取得了报考专科学校的资格。

考虑到自己从小立下为祖国造大船快船的心愿，李四光决定报考大阪高等工业学校的舶用机关科。不过，他面临的形势是很严峻的。因为当时日本向西方学习颇有成效，而且离中国较近，所以到日本留学的中国学生逐年增多。而日本国内的考生也为数不少，所以日本对中国留学生入读日本高等专科学校的名额有严格限制，毕竟现有专科学校的数量有限，无法容纳那么多学生。这也导致中国留学生很少能进入高等以上学校，学习工、农、格致等各项实业专科的更是寥寥无几。更关键的是，大阪高等工业学校每年仅招收10名中国学生，这一年报考该校的学生则有1000多人。

李四光的字典里从来没有"知难而退"这四个字，为了考上自己心仪的学校，他付出许多努力，最终如愿以偿。1907年9月初，他的名字出现在日本大阪高等工业学校舶用机关科一年级新生的名单上。在这个只有19名学生的班级里，只有他是中国人。

李四光虽然成绩优异，但是他深知自己与日本学生仍有很大差距：日本学生从小就接受正规的现代教育，而他学的是"四书五经"；日本学生的理科学得扎实，接受的教育更系统，而他只是在武昌的新学堂才开始接触理科知识，并且时间很短，只有一年半；在日本弘文学院，他的成绩虽然很好，但那只是跟中国留学生相比而已。他知道，除了努力攻读这一条路，他没有别的捷径可走。

大阪高等工业学校创办于1899年，坐落在大阪北区玉江町，设有机械、应用化学、窑业、酿造、采矿冶金、造船、舶用机关（船用机械）和电气8个学科，学制为3年。根据大阪高等工业学校的规定，李四光和同班的日本同学一样，需要逐年学完以下课程：

第一学年，数学、物理、无机化学、力学、材料强弱论、舶用机关、制图、实修（机械加工）和英语。

第二学年，除了第一学年的科目，增加冶金学、造船学。

第三学年，增加电气工学、水利学、工业经济、工场建筑法和簿记学。

这么多课程，要在3年内学完是很困难的，所以学校规定每周的授课时长为39～42小时。因为课业繁重，李四光每天都异常忙碌紧张，但他不以为苦，反而觉得乐趣无穷。为了更高效地完成学习任务，他根据自己的实际情况，合理安排学习时间，把主要精力放在几门主课上。功夫不负有心人，第一学年，他的物理成绩全班第一；第三学年，他的机械加工成绩全班第二，英语全班第四。3年中，他的各科成绩均居班级上游。

1910年7月10日，李四光顺利从大阪高等工业学校毕业。这一年，他21岁。

5. 发明土法滤水

李四光在1907年夏天从日本东京弘文学院毕业后，曾返回家乡过暑假，看望父母亲人。当时他家已经搬到了距下张家湾约3公里的香炉山。因为他的返乡，村子里也热闹起来。祖祖辈辈生活在乡村、大部分连县城都没去过的乡亲听说到外国留洋读书的李家二儿子回乡来，都想看看稀罕。因此，大家围着李四光，七嘴八舌地让他讲讲外国是什么样子，都有哪些稀奇事。

当李四光讲到外国人都穿西服、不留长辫子时，大家都十分吃惊。当时李四光也已经剪掉了辫子，乡亲们为此担心地说："辫子可是祖宗留下来的宝贝，剪不得呀！"

李四光摸了摸自己的脑袋，笑着说自己的宝贝可比辫子好多了，然后从包里拿出各种各样的动物、植物、矿物、轮船的图片摆在桌子上。乡亲们大多没有见过这些东西，纷纷围上来观看。李四光拿起轮船的图片，对儿时的伙伴们说:"你们看,这才是真正的轮船。"

乡亲们一边看,一边七言八语地讨论,有的指着船上的旗帜问道:"这是什么呀?"

"这是日本国旗。"李四光回答,"将来我学好了技术,也给中国造轮船,船上就挂我们自己的国旗。"

李卓侯夫妇看到被团团围住的儿子有问必答地为乡亲们讲述在国外的见闻,知道儿子几年来长了不少见识,都欣慰地笑了。

第二天一大早,李四光来到河边读书,看到人们在河里洗衣服、洗澡、给牛马饮水,而且还用河水洗菜做饭,觉得这种用水习惯很不卫生。他想挖口井,让乡亲们喝上干净卫生的水。回到家后,他拿起一把铁锹就往外跑。

母亲看见他那急匆匆的样子,以为发生了什么急事,忙追出来问他要干什么。李四光说:"河里的水不卫生,我想给村里挖口井。"

随后,李四光跑到屋后的竹林里,心想:这里的竹子长得这么茂盛,下面一定有水源。好,就在这里挖!说干就干,他脱下外衣卖力地挖起来,渐渐地,汗水湿透了内衣,虎口也磨出血泡。

村里的年轻人听说李四光要挖井,也跑来帮忙。众人挖了很久,坑挖了一丈多深,但仍然没有见到水。他们又热又累,已经瘫在地上不想动弹了。李四光意识到,这下面没水,是自己没找对地方。他让大家先停下来,然后又找了几处，但也不像有水的样子。此时他还没有研究地质学，看不出哪里有水、哪里没水。但他认定不能让乡亲们再喝不卫生的水，怎么办呢？

　　李四光绞尽脑汁想来想去，终于想出一个办法。他来到集市上，买了一口大缸和一口小缸，找人帮着抬到村里。然后他请村里的石匠在大缸的底端侧面钻了一个小孔，再从小孔里插入一根竹管，接缝处用桐油抹灰封好。接着把大缸垫高，竹管的另一端通向小缸。大缸里先铺一块白布，取来洗干净的石子和沙子，一层石子一层沙子，铺了好几层，上面再铺一块白布。一切准备就绪后，他对乡亲们说："这是一种过滤方法，可以把河水里的脏东西去掉。"随后，他提来一桶混浊的河水倒进大缸里，大家转眼就发现，经过石子、沙子的过滤，竹管那端流出的水变清亮了。

　　李四光灵机一动发明的土法过滤器，使全村人从此喝上了干净的水。乡亲们都很高兴，直夸他聪明能干，学以致用。

第三章 科学救国之路

李四光留学的目的是求知深造和探寻救国真理。他始终谨记孙中山先生的教诲,"努力向学,蔚为国用"。辛亥革命失败后,他决定到英国继续攻读自然科学,并改学地质,等待属于自己的进取时机。他克服重重困难,半工半读,积极进取,顺利获得伯明翰大学的自然科学硕士学位。

1. 同盟会最小的成员

　　李四光在东京弘文学院上学期间,中国国内正酝酿着一场变革,封建政权即将土崩瓦解,资产阶级民主革命方兴未艾。以孙中山为代表的民主派所宣传的革命主张,在日本的中国留学生中影响日愈扩大,《湖北学生界》《新湖南》《江苏》《浙江潮》等进步杂志纷纷在东京出版。中国留学生在日本接受新思想后,积极响应孙中山的号召,在日本组织社团、开辟讲坛、撰写文章宣传民主革命,直接在国内和日本开展革命活动。

　　急于探寻救国真理、寻求新知识的李四光,虽然学习任务繁重,但他仍然很关心祖国的前途和命运,关心革命事业,因此经常出入留日学生会馆等场所,参加集会,聆听演讲。

　　1904年12月,宋教仁来到弘文学院学习,李四光由此与之相识。之后宋教仁介绍他认识了在日本京都帝国大学学习工艺化学的马君武，弘文学院速成师范科的黄兴、刘揆一等志同道合的爱国学友，使他受到更多民主革命思想的熏陶，开始走上革命的道路。

当时的留日中国学生分为两大派别，即革命派和保皇派（也称保皇党）。革命派由孙中山先生领导，主张用暴力革命推翻封建腐朽的清王朝，实行民主共和；保皇派则以当时流亡日本的康有为、梁启超为首，主张保护光绪皇帝，恢复"康梁变法"的"维新"政体，实行君主立宪。保皇派认为中国民智未开，不能实行共和，革命会引发暴乱，因此只能采取君主立宪，认为这才是拯救中国的唯一出路。

两派还因为留长辫子的习俗发生了激烈争论。日本的中国留学生也把剪不剪长辫子，视为选择效忠清王朝还是拥护革命的一个象征。具有民主革命思想的人认为，留辫子是受统治阶级压迫的象征，要革命，必须剪掉辫子，从自身形象做起。而封建思想顽固的人则认为剪掉辫子会触犯大清律例，惹来杀身之祸，所以拼死保护着辫子不肯剪掉。思想进步的李四光到东京不久就毅然剪掉了辫子，以实际行动表明自己的革命立场。

1905年7月，夏日炎炎，孙中山先生从法国千里迢迢赶到日本东京，打算把在日本的一些中国进步留学生组织起来，壮大革命力量，为民主革命做准备。李四光从朋友那里得知此事后非常激动，他对孙中山的进步思想和革命行动仰慕已久，早就想近距离接触这位受人敬仰的革命先驱。

几天后，孙中山在近千人的欢迎大会上发表了激情洋溢的演讲，严正批驳了保皇派认为中国"只可为君主立宪，不能躐等而为共和"的言论，然后从世界各国的社会发展潮流出发，说明只有实行民主共和才能引导中国走上富强之路。李四光在台下凝神静听孙中山先生的谆谆教导，内心澎湃不已，更加明确了自己努力的方向，立志为建设国家做贡献。

还有一件事深深刻在李四光心里，让他更加难以忘怀。欢迎大会之后，孙中山在东京赤坂区召开了筹建新政党组织的会议，李四光有幸参加。与会者有二三十人，除了孙中山以外，还有黄兴、宋教仁、刘揆一、刘道一、马君武、曹亚伯、田桐等人。经过讨论，与会者一致同意成立中国同盟会，联合其他革命团体，共图大业。也正是在这一天，李四光成为中国同盟会的首批会员。

入会仪式由孙中山亲自主持，他与自愿加入中国同盟会的人分别谈话，并且监督他们宣誓。轮到李四光了，他进到小屋后，孙中山见他脸上还有几分稚气，问道："你今年多大了？"

李四光答道："16岁！"

"你小小年纪，怎么也来参加革命？"

如此近距离面对自己敬仰的革命伟人，李四光的心怦怦直跳，他坚定地说："是的，先生，我也想参加革命！甲午战争，我们输给了日本；庚子事变，又输给了八国联军。清王朝腐败无能，国家、民族的安危悬于一线，只有革命才能救中国！"

孙中山赞许地点点头。按照入会要求，李四光左手端起一杯水，右手中指顶着杯底，以示忠诚到底。墙上挂着一份《中国革命同盟会会员誓约》，在孙中山的引领下，李四光大声宣读道："岁次乙巳，当天发誓，驱除鞑虏，恢复中华，创立民国，平均地权。矢信矢忠，有始有卒，有逾此盟，任众处罚。"因为太过激动，他的声音有些颤抖。读完誓约后，他毫不犹豫地签上了自己的名字。

孙中山拍着李四光的肩膀，亲切地说："从今天起，你就是中国革命同盟会的一员了！不过，你现在还小，不必急于投身戎武。希望你能努力向学，蔚为国用！"

孙中山的话，深深刻印在了李四光心中。这一天，他觉得自己的思想成熟了许多，立志为建设国家做贡献。之后他从弘文学院毕业，报考大阪高等工业学校并取得优异成绩，与孙中山的勉励有着莫大的关系。可以说，这次会面也成为他日后努力的动力之一。

散会后，李四光和马君武在路上偶遇湖北留学生监督李宝巽。李宝巽看见他们，训斥道："你们小孩子不读书，到外面干些什么我都知道，再不要胡闹！"李四光和马君武没有理他，默默地走开了。走了一会儿，李四光想起马君武在大会上的发言，开玩笑地说："你去请他加入同盟会好不好？"马君武哈哈大笑。

8月20日下午，中国同盟会举行成立大会，到会者有100多人。大会通过了同盟会的《章程》，确定以"驱除鞑虏、恢复中华、创立民国、平均地权"十六字纲领为同盟会的革命宗旨，并推举孙中山为同盟会总理，将东京作为同盟会总部所在地。

清政府得知中国同盟会成立的消息后，惊恐万状，连忙与日本当局联系，托其对革命党人"随时踪迹，窥其举动"，并限制留日学生参加集会。此举引起了留日学生的强烈反对，认为这是对中国学生的人格侮辱。在中国留日学生总会的号召下，路矿学堂首先罢课，接着是弘文学院，没几天便蔓延至日本各校。留学生们甚至打算罢学回国，以示强烈抗议。

李四光也积极响应并参加了这次罢课行动。就在大家收拾行李准备回国时，孙中山担心同盟会会员学生回国后会被清政府抓捕迫害，发来紧急电报，不赞成留日学生全体回国。于是，留日的中国学生打消回国念头，继续以罢课来争取日本当局尊重中国学生的人身自由及承认中国留日学生会馆的合法权利。

在国内外舆论的谴责下，日本当局不得不妥协让步，答应了中国留日学生总会提出的各项条件。罢课近5个月后，中国留日学生陆续复课。

2. 最优秀的"工科进士"

1910年7月,李四光从大阪高等工业学校毕业后,怀着一腔报国志,回到日夜思念的祖国。

这一年,清政府规定公费留学生回国后必须到北京参加学部的统一考试,而且考试合格后必须履行执教5年的义务。早以革命者自居的李四光,不想去参加考试,于是以时间仓促为由缺席了当年的考试,而后被派到武昌县(今武汉市江夏区)华林的湖北中等工业学堂担任教师。

李四光在武昌求学多年,对武昌有深厚的情感,如今重新回到这里,他感到特别亲切。

湖北中等工业学堂是湖北省唯一一所中等工业学府,成立于1907年11月,共有教职员18人,学生140多人。李四光来到这里后,开始从事教学研究工作。正所谓能者多劳,因为在日本留过学,熟悉日语,他在给学生上课之余,还负责为日本理化科教师的课堂讲授进行现场翻译。此外,由于他在日本大阪高等工业学校的实修课成绩非常突出,熟练掌握机械制造方面的技能,并且在教学时注意理论与实践相结合,所以学校又让他担任木模、锻工、翻砂和打磨等实习工场的总负责人。

尽管工作十分繁重,但他却乐在其中,浑身充满了干劲。作为民主革命的先锋战士，他始终牢记孙中山对他说过的"努力向学，蔚为国用"，忘我地投入到工作之中。他预感到饱受磨难的中华民族，将很快迎来翻天覆地的变化。

这段时间，全国各地陆续爆发了推翻清朝统治的民众起义，江西萍乡、湖南浏阳、醴陵地区爆发了反清武装起义，这是同盟会领导的第一次起义，也是中国自太平天国后规模最大的一次武装起义。在孙中山的号召下，中国同盟会会员也积极响应起义。

李四光得到消息后，也行动起来，联络了同在武昌的吴昆、熊十力、刘子通等人，冒着巨大的危险到雄楚楼秘密聚会，共书"雄视三楚"四个大字，以此表明共赴大业的决心。"三楚"，指江陵、彭城（今徐州市）和苏州。随后，他们分头行动，联系当年的在日留学生、武昌当地受同盟会影响的师生及各界有识之士，为下一步大规模起义做好必要准备。

1911年暑期，清政府下令举行留学生归国考试。这一次李四光无法再继续推托，于9月2日到达北京，参加了辛亥第六次游学毕业考试。10月4日成绩公布，他被列为"最优秀"，并被赐予"工科进士"。不过，李四光对此并不在意，而且他也不愿为自己深恶痛绝的清政府服务，考试只是为了完成任务而已。

3. 革命浪潮中浮沉

1911年10月10日，李四光在北京听到一个振奋人心的消息——武昌起义爆发了。北京城里，到处都在议论这件事，说："武昌发生兵变，已经被革命军占领。""大清要亡了！"李四光没想到革命形势发展得如此迅猛。这时，他在日本的同学兼老乡高仲和恰好从黑龙江来到北京，两人商量后，决定马上赶回武昌，投身到这场轰轰烈烈的革命中去。回到武昌后不久，李四光被湖北军政府委任为理财部参议。

武昌起义的革命烈火很快燃遍了大江南北，各省纷纷响应、脱离清朝独立，清王朝的统治岌岌可危。但在革命事业蓬勃发展之际，武昌城也面临着反革命势力的威胁。10月底至11月初，北洋军阀首领袁世凯下令对汉口发起进攻。黄兴、宋教仁连忙赶赴武昌指挥战斗。李四光也加入了这场战斗，主要负责后勤工作，组织人力运送军火，支援武昌前线。

关键时刻，捷报传来——革命军已经占领南京，孙中山正在筹备建立南京革命政府。受此鼓舞，宋教仁、李四光等人的斗志更加昂扬，他们顽强抵抗，不怕牺牲，在武昌前线坚持战斗。

这年 11 月初，宋教仁与李四光等人商讨时局及组织南京政府人选等事宜。他们打算请清末实业家张謇担任实业部长，李四光则担任次长负责管事，但李四光不愿晋职，向宋教仁推荐了马君武。

1912 年 1 月 1 日，中华民国正式在南京宣告成立，孙中山就任中华民国临时大总统，由此终结了中国长达 2000 多年的封建帝制，在华夏大地上树起了民主共和的旗帜。李四光豪情万丈，难以言表。他在心里欢呼中华民国的成立，发誓要用毕生所学尽心竭力地建设这个崭新的国家。

中华民国成立后，除了要消灭封建残余势力，巩固新生政权外，还有一个亟须提上议程的是发展民族实业、振兴落后的国民经济。这一需求使李四光所学的知识有了用武之地，很快他便走马上任，担任南京临时政府特派汉口建筑筹备委员，以及中国同盟会湖北支部书记。

孙中山对于经济发展极其重视，认为民族实业是"中国存亡的关键"，而湖北的实业基础较好，武昌又是辛亥革命的爆发之地，故孙中山明确提出"务使首义之区成为模范之市"。1912 年 2 月 7 日，湖北军政府都督黎元洪主持召开了省府政要会议，决定以投票方式推选实业部长。李四光在担任建筑筹备员期间的工作成绩是有目共睹的，而且他又是湖北人，所以大多数人把票投给了他。

于是，年仅 23 岁的李四光成了湖北军政府实业部长。3 月，实业部改为实业司，李四光也改任司长。实业司内设若干职能机构,共有 70 余名工作人员,统筹全省农林、工商、矿业等方面的行政事务。李四光上任后,不辱使命,开始四处奔走,谋划振兴实业的蓝图。

当时湖北省的金融、交通等重要领域仍处于英、日、德、美等列强的控制之中。同时,湖北官办企业的厂房和设备也因为战火和清军的焚烧,损失惨重。不少清朝的旧官员在新政府任职,把持财政大权,使李四光在办事时遇到很大的阻力。在内外交困的情况下,振兴实业是一项非常艰巨的任务。这对一个 20 多岁的年轻人来说,压力之大可想而知。所幸李四光具备实业管理的学识和才能,他理清头绪后迎难而上,事必躬亲,废寝忘食,日夜操劳,以便尽快平复湖北各项实业的战争创伤。

为了有效扭转混乱的局面,他派人接管了原属清朝劝业道(清末设置的官署,掌管全省的农工商业及交通事务)的各个实业部门,并设法让军队腾出占领的房舍,然后处理了一批贪赃枉法之徒。在实业司的大力宣传与扶持下,官办与民办的各类企业迅速恢复了生产。

但李四光并没有因此居功自傲、裹足不前,他与实业司的工作人员一起集思广益,尝试创建各科的附属产业,并取得了一定成效。他们分别在农科设立了试验场,在工科建立了全省模范大工厂、制革厂、红砖第一厂、湖北造砖厂等,在商科设立了两湖劝业场、商品陈列馆,在矿科建立了炭山湾煤矿官厂、陈家湾煤矿官厂、韩家山铜矿厂及硝磺总局、兴大矿务局等。

在此期间，李四光经常武昌与南京两头跑，汇报湖北的工作进展，协调湖北与中央政府之间的关系，听取中央政府的指示精神。在他的努力下，湖北各项实业开始显现出一派生机。

然而，革命的道路从来不会一帆风顺，而是在曲折中前进。中华民国虽然成立了，但清政府还没有彻底倒台，袁世凯又手握重兵，使得尚不稳固的南京政权时刻面临被颠覆的危险。由于领导辛亥革命的资产阶级的软弱性和革命的不彻底性，加上帝国主义的干涉以及立宪派和旧官僚的破坏，1912年2月14日，孙中山被迫辞去中华民国临时大总统的职位，将政权拱手让给了"窃国大盗"袁世凯。

消息传开后，全国一片哗然。对李四光来说，事情发生得过于突然，他内心一时无法接受。而且同盟会中有些人的作为令他费解，比如他留学期间的好友和武昌起义的革命伙伴黄兴、宋教仁等人，作为孙中山的亲密战友，在革命的紧要关头竟然主张南北议和，拥戴袁世凯，全然没有考虑孙中山的艰难处境。

很长一段时间，李四光的心里愁云密布，此时的他尚不了解袁世凯，不知道中国的未来将何去何从。不过，他深信孙中山不会就此放弃革命事业，或许孙中山目前的决定只是权宜之计，心里还有新的打算吧！

1912年4月9日，孙中山来到武昌，了解到革命党人对国家前途的忧虑心情，他在演讲中解释说："仆此次解职，外间颇谓仆功成身退，此实不然，身退诚有之，功成则未也。"他还表明了自己不会就此终止革命生涯，誓将推动革命走向最后成功的坚决态度。会后，李四光和一些好友去探望了孙中山，孙中山向他们宣讲了革命战争的意义，以及平均地权、兴办实业等政策问题，鼓励他们不要灰心，应力图进取。这使李四光愁闷的心情有所好转，对于未来要怎么做的思路也清晰起来。

袁世凯上台后，表面上装作拥护共和，暗地里却做好了镇压革命势力的准备，以实现其独裁统治，中国开始进入北洋军阀的黑暗统治时期。掌握湖北实权的黎元洪也变回其军阀本身，开始处处排挤、打压革命党人。李四光渐渐意识到，这个黑暗的政府不可能诚心为民众办事，发展实业、造福人民和建设新湖北等都成了空谈。

尽管还没有找到新的出路，但李四光实在不愿与袁世凯和黎元洪等辈同流合污，经过反复思量，他于1912年7月以"鄂中财政出绌，办事棘手"为由，上交了辞职报告。黎元洪之所以没有打压李四光，是因为李四光威信很高、工作能力突出，他不得不有所顾忌。现在李四光主动提出辞职，他自然求之不得，但为了顾全形象，他佯装出一副惊讶的神情，惺惺作态地"好意"挽留，暗地里则马上电呈袁世凯，请求立即批准。8月8日，袁世凯下令"准免本官"。

李四光主动中断自己的仕途,在外人看来似乎不是明智之举,却使他在大是大非面前坚守了个人气节,重新掌控自己的命运。而第二年春天宋教仁在上海火车站惨遭袁世凯暗杀一事,使李四光在悲痛万分的同时,更看穿了袁世凯的真实面目,坚定了自己与袁世凯政权彻底决裂的意愿。

4. 赴欧改学地质

李四光眼睁睁看着民主革命的果实落入旧军阀手中,却又无计可施,内心非常苦闷,难道要坐视古老的中国在军阀争斗中无尽地衰亡下去吗?正如他所说"力量不够,造反不成,一肚子的秽气"。然而,待到冷静下来后,他又重新审视了局面,心想自己"年龄还不算大,不如再读书10年,准备一分力量"。求知自强的渴望,又向他发出召唤。

恰在这时,他听到一个消息,传言很多曾在总统府工作的革命青年不愿与袁世凯之流为伍,在孙中山先生的支持下争取到公费留学的机会。于是,他也借机向黎元洪提出了留学申请。

黎元洪对革命党人深恶痛绝,而李四光又无法拉拢,现在李四光提出要去留学,正中他的下怀。1912年11月初，黎元洪打电报给临时稽勋局，电文说："李四光等二十二员，劳勋卓著，精力富强，咨送西洋俾宏造就"。电报送到袁世凯手里，袁世凯本想拒绝，但考虑到湖北是"革命首义之区"，为了表明自己"拥抱共和"的立场，他勉强同意李四光等人出国，同时他也在批文上附了一句："仅此一举，下不为例。"

1913年7月，李四光办好了出国手续，来到上海，再次登上远洋客轮，前往英国。与他同行的是湖北军政府的秘书王世杰。

李四光出发前还发生了一件小插曲。当时，政府所给的路费是以金条形式下发的，李四光只好去银行兑换钱币。但他因穿着破旧，引起了银行职员的怀疑，以为金条是他偷来的，结果被抓了起来。无论他怎么解释也毫无效用，等到第二天他才被同伴救了出来。事后，李四光回家乡与亲人辞别，并把自己的积蓄交给父母，以供弟弟妹妹们上学。

这次前往欧洲，李四光显然成熟了许多，变革的失败令他深为痛惜，而短暂的政治生涯也使他看透了当局的黑暗，更加理性地面对现实。当然，无论发生什么情况，无论身在何地，他那报效祖国的坚贞信念始终不变，孙中山先生如慈父般的谆谆教诲言犹在耳，鼓励他坚定地踏上"科学救国"之路。

经过几十天的海上漂泊，李四光一行来到英国的首都

——伦敦。伦敦是近代科学和工业革命的发源地，站在车水马龙、人头攒动的伦敦街头，李四光心如止水，因为他知道这一切浮华统统与他无关，他心里渴求的是能让国家摆脱贫弱的先进科学知识。

他首先前往中国驻英使馆留欧学生监督处报到。当时留英学生大多选择理工科，李四光以前一心想造船，但经过实业司的历练后，现在他的想法有了一些改变。在他看来，采矿是包括造船在内的一切机械工业的基础，任何机械工业的发展都离不开矿业。所以，他决定改学采矿。考虑到自己的英语水平一般，数理化水平也需要提高，他先考入伯明翰大学预科。

李四光之所以选择伯明翰大学，主要出于两种考虑：一是从专业来说，伯明翰大学的采矿专业在当时的英国比较有名；二是从经费来说，这里的学习费用要比牛津大学、剑桥大学低一些。另外，伯明翰大学交通便利，校园环境优美，对于学习显然也大有益处。

在这里，他还认识了比自己小4岁，后来成为著名物理学家、剧作家的中国留学生丁燮林，两人志趣相投，很快就成了好朋友。他们共同租住在学校附近的一家公寓里，在学习和生活上互帮互助。房东是一位英国老太太，待人热情和蔼，平日里他们跟着房东练习英语，三人相处得很融洽。

为了尽快提升自己的英语水平，李四光十分刻苦，不管走到哪里，他总是随身携带一叠报纸杂志，或是一卷厚厚的书籍，一坐下来就阅读抄写或思考一些问题。坚持一段时间后，他的英语有所进步，听说读写都没问题，后来他还阅读了许多英国古典文学作品。此外，李四光还利用课余时间自学了德语和法语。

与此同时，李四光在数学方面也下了不少功夫。在日本留学时，因为课程多、时间紧，他的数学基础并不是很扎实，现在稍微有了余闲，他打算补上这块短板。每次演算习题，不管多么复杂难解，他都一定要算出最终结果。丁燮林有时主动要给他讲解，他却婉言谢绝，坚持自己演算。因为他认为，只有勤于思考、自主完成，头脑才会越来越灵活，对知识的印象也才会更深刻。

一年的预科学习快要结束时，李四光和丁燮林开始讨论各自的专业选择。丁燮林表示想学习物理，李四光不解其意，他知道丁燮林一向喜欢文学，尤其热衷戏剧。丁燮林解释说："近代的一切科学技术都离不开物理，我确实喜欢文学，但这只能算兴趣爱好，并不影响我学习物理。再说，我将来也可以做一个善写话剧的物理学家嘛。"

李四光听了，越发欣赏这位同窗好友。这时，丁燮林问他："你决定学造船还是采矿？"

李四光坦承表示，这两样都不想学了，这下轮到丁燮林惊讶得瞪大双眼："什么？这两样你都不学，那你准备学什么呀？"

李四光坚定地说:"学地质!我逐渐领会到,造船必须要有钢铁,而钢铁自然要依靠采矿。可是,光学采矿还不够,首先必须知道哪里有矿藏。中国地大物博,但科学落后,如果我们不会自己找矿,又怎么可能采矿呢!"

丁燮林一脸钦佩地看着李四光,说道:"四光兄,有一点我一直很佩服你!"

"哪一点?"

"爱国!无论什么时候,你总是把国家的需要摆在第一位!"丁燮林说着,冲李四光竖起了大拇指。

经过仔细考量,李四光和丁燮林一起转入伯明翰大学本科,各自朝自己的目标奋发前进。

5. 伯明翰大学的科学硕士

1914年8月,就在李四光转入伯明翰大学地质系学习期间,第一次世界大战爆发了。英国作为主要参战国之一,生产重心转向军事方面,民用物资日益短缺,紧接着物价大幅上涨,这使中国留学生的生活陷入了困境。这个时候,英国高校因经济萧条、经费骤减,为了维持学校的正常运作不得不提高了学费标准。中国政府考虑到这一点,决定给在英国的留学生每人每月增发20英镑的学费,但这只是杯水车薪,不能彻底解决留学生面临的困难。

屋漏偏逢连夜雨。增发的学费尚无着落，中国驻英使馆便下达一纸公文，宣称供给留学生的费用将无限期往后拖延。这样一来，很多中国留学生便无法继续学业，纷纷停学回国。丁燮林询问李四光是否打算回国，李四光坚定地说："不回去，学业不成不能回，决不半途而废。"

这以后，李四光在生活上更加节省了，精打细算地安排每一份支出。因为煤源紧张，公寓里停送暖气，寒意逼人。夜里读书时，他把毛毯裹在身上，脚冻麻了就站起来跺跺脚，肚子饿了就喝点水。

为了解决生活学习的费用问题，李四光在一位老师的指点下，利用放假的时间到郊外的矿山找了一份下井挖煤的工作，这样既可以挣点钱，还能初步了解英国的矿业。白天他和英国矿工在黑暗、阴湿的矿井里劳动，晚上则寄居在当地一个矿工的家里。为了详细了解地层构造和地质情况，他总是到矿井的最深处、石层多的地方劳动。每次从矿井里上来，他浑身都是黑的，矿尘沾满全身。房东深为他的求知精神感动，像招待客人一样给他准备换洗的衣服，做些可口的饭菜。而他也利用休息时间，给房东的孩子做飞机和轮船玩具，与房东一家成了很好的朋友。

假期结束时，李四光头戴矿工帽，身穿劳动服，手里拿着小矿锤，与朝夕相处的英国矿工们拍了一张珍贵的照片。

相对来说，李四光在英国的学习比较顺利。他在伯明翰大学遇到几位博学、友善的教授，地质学指导老师鲍尔顿教授便是其中之一。鲍尔顿教授很欣赏李四光的淳朴、聪明和刻苦钻研的精神，对他倍加关心，在学业上给了他很多帮助，还经常邀请他到自己家里做客。

教授们的谆谆教导令李四光受益匪浅。他深知英国在世界近代地质学启蒙运动中一直处于领先地位，学习机会难得，眼下虽然生活艰苦，但绝不能轻易放弃。坚毅的他此时只有一个念头：好好学习，造福人民，让祖国富强起来。

为了方便出行，李四光到旧货市场买了一辆坏掉的摩托车，自己动手修理。同学们见了连声称奇，李四光平静地解释道："学地质不能光读书本。英国是近代地质和古生物学的发源地之一，这里曾经出现过像郝顿、史密斯和莱伊尔等举世闻名的地质科学家，我想多去参观他们的地质标本展览。这里的地质现象，特别是煤矿蕴藏很丰富，我打算在假日到野外去考察考察。有了这辆摩托车，行动会方便一些。"

摩托车修好后，李四光一到休息日便骑着车东奔西跑，去野外观察地形、考察地质，参观英国地质学家史密斯、莱伊尔、麦奇生等人的地质标本展览。

1917年6月，伯明翰大学的学士考试来临。不巧的是，这时李四光腿上长了个疖子，异常肿大，而且痛得厉害，使他走路变得一瘸一拐，白天晚上都坐卧不安。老师和同学们都劝他去医院做手术，但他考虑到医疗费用高昂，而且看病时间长，可能耽误考试，便决定自己设法处置，既不耽误学习，又能把省下的钱用来买书。打定主意后，他将刮脸的刀片放在水里煮沸消毒，然后用刀片把疖子切开，挤掉里面的脓，再刮去患处的腐肉。在自行"手术"的过程中，他痛得脸色发白，青筋直暴，浑身冒汗。包扎好伤口后，他就单腿蹦跳着去参加考试。身边的人都对他的顽强意志感叹不已。考试很顺利，李四光如期从伯明翰大学取得了学士学位。而这个疖子因为没有得到及时正当的处理，差不多半年后才痊愈，还留下一块无法消掉的疤痕。

放暑假了，很多同学都计划外出游玩，李四光则给自己列了一张与众不同的假期活动计划表。他利用假期在图书馆里查阅了大量有关中国的地质资料，结合中国的实际情况，编写出一份中国若干地区的地质情况及路线踏勘图表。

鲍尔顿教授对李四光的工作给予了肯定，并建议他在这个基础上再深入探究，既要吸收总结前人的工作成果，又要进一步提出日后研究的突破口。李四光深受启发，在鲍尔顿教授的指点下，他继续搜集能够查阅到的有关中国的地质科学文献，并认真研读了世界各国著名地质学家的学术著作和我国地质学家丁文江、翁文灏的著述。尽管可资考据的资料有限，但他毫不气馁。经过分析、比较国内外的研究成果，他以"中国之地质"为题撰写了一篇学术论文，大胆提出自己的见解，于1918年5月正式提交给伯明翰大学。

这是李四光关于地质学的第一篇学术论文，论点明确、论据翔实、论证严密。全文分为三个部分：地形、地质概况、经济地质。其中，第二部分的"地层"一章内容最丰富，也最精彩，引起了强烈反响。在论文中，李四光不仅论述了每个时代的地层状况，还附上详细的化石图表，注明每种化石出现的具体层位和地点，呈现出中华大地的地质概貌，具有较高的学术价值。

1919年6月，李四光以精彩的表现完成论文答辩，伯明翰大学授予他自然科学硕士学位。在授予学位文凭的庄严仪式上，鲍尔顿教授动情地说："李四光，祝贺你以优异成绩荣获科学硕士学位。"李四光手里拿着硕士文凭，真挚地对这位年近六旬的英国老教授说："承蒙您的培养，首先应该感谢您！"

就这样，李四光凭借自身的努力，用两年时间获得了硕士学位，这与他的勤学不辍、奋发拼搏是分不开的。

第四章　开启地质人生

从伯明翰大学毕业后，李四光接受中国地质学家丁文江和北京大学校长蔡元培的邀请，回国到北京大学任教，使北大地质系的建设初具规模，被誉为"创业教授"。在教学中，他打破老师只管讲、学生只管听的传统模式，把课堂讲授与实验指导结合起来，不辞劳苦地带领学生进行野外作业，以积累实际经验。

1. 来自祖国的召唤

1919年,李四光的学术论文《中国之地质》发表后,引起了地质学界的关注。今后的路怎么走,也是李四光当时必须面对的重大人生问题。

此时第一次世界大战已经结束,英国作为战胜国,正努力恢复战前的生活、生产秩序。李四光的导师鲍尔顿教授非常欣赏这位聪明、勤奋的学生,认为中国当时的局势还很混乱,希望他留在英国继续学习研究,取得博士学位后再作打算,并表示愿意为李四光提供学习经费。另有一位教授也很看重李四光,愿意推荐他到英国人在印度开办的矿山当地质工程师,待遇十分优厚。印度与中国接壤,同属亚洲,两国的地质构造有很多相似之处,到印度矿山去工作,无论是从收入还是学术实践的角度来说,对李四光都是一个不错的选择。

第四章 开启地质人生

然而，中国作为第一次世界大战战胜国之一，在巴黎和会上遭受的不公正对待让李四光极其愤慨，也促使他下定了回国的决心。他答复鲍尔顿教授说："教授先生，我是炎黄子孙，理所当然地要把我所学的全部知识奉献给我亲爱的祖国。现在我的祖国和人民还在贫困中挣扎，我应当回去，用我的知识为改变中国旧貌尽一点力，实现我当初的誓言。"

在论文《中国之地质》的序言部分，他已经表示了自己回国后要从事中国地质矿产的调查与研究的意愿。他提到，最近几十年，科学迅速发展，影响所及，促使地质学家也要作出应有的贡献。这个古老景观神奇般地再现，地球有史以来各个时期古地理的多种推测，自然地唤起地质学家扩大知识范围的渴望。加上开发矿藏的需要日益增长，使得许多西方地质学家把注意力转向新的角逐场——远东。现今，我们所有为量不多的有关亚洲大陆上幅员辽阔的中国的地质知识，大都是在这种时代召唤之下，由那些热心的考察者努力得出的结果。

接着，他又指出新的时代要求新兴一代的中华儿女认识到自己肩负的责任，也许并非为时过晚。一方面，要为纯科学的发展尽力；另一方面，要用得来的知识直接或间接地解决有关工业的问题。就地质学而言，需要的是发挥科研人员的聪明才智，去倾听和研读自然界早已为人类准备好的"古树残叶的语声和古河道的瘗文"。

从中我们可以看到一位年轻的地质学家，誓将毕生精力毫无保留地奉献给祖国的志向。

同年 5 月，中国地质学家、地质调查所所长丁文江随梁启超到欧洲考察，来到英国。丁文江得知李四光在英国留学的情况后，设法与他取得了联系，向他说明中国急切需要培养地质人才的问题，希望李四光能从国家利益出发，回国到北京大学任教。

中国人自己办地质事业是从 1912 年开始的。当时在南京临时政府实业部设立了地质科，1913 年开始调查煤矿，1914 年因人力不足，开始举办训练班。1916 年招收了 30 名学员，有 13 名顺利毕业，其中包括丁文江、谢家荣等人。在这一期毕业生的基础上，成立了农商部地质调查所，由丁文江任所长。不久，北京大学地质系初期毕业生到农商部地质调查所谋职，丁文江亲自考查他们，分给每个人 10 种岩石，要他们辨认，结果没有一个及格，这让他大失所望。之后，他和胡适一起去找北京大学新任校长蔡元培，希望提高学校的地质教育水平。蔡元培虚心接受了他们的批评意见，并请他们代为物色合适的教授人选，于是就有了丁文江动员李四光回国任教之事。

面对丁文江的真诚邀请，李四光十分感动，表示会慎重考虑此事。丁文江回国后，仍然没有放弃说服李四光。这年秋天，他的弟弟丁文渊去伦敦办事，他又托弟弟与李四光见面。当时李四光正在英国东部实习，于是丁文渊找到丁燮林，和他一起去做李四光的思想工作。

李四光虽然已经决定回国，但是想到中华大地正处于军阀混战的黑暗时期，他认为现在回去不一定能正常开展学术研究，于是准备先前往欧洲大陆进行地质考察，然后再作打算。

2. 欧洲地质考察

1920年新年刚过，李四光从伯明翰出发，先后考察了德国、法国的几个工矿区，还登上了阿尔卑斯山，考察那里的冰川地形，同时拍摄了不少照片作为研究参考。

2月上旬，李四光来到法国首都巴黎。当时巴黎的中国留学生很多，是留学生的集中地之一。这些留学生大多是一边读书一边打工，生活比较清苦。李四光虽然是公费留学，但后面几年也不得不半工半读，他深知在这种情况下坚持学业是多么不容易。

在巴黎中国留学生勤工俭学会的邀请下，李四光为留学生们作了题为"现代繁荣与炭"的讲演。在讲演中，他首先指出，学术问题不能人云亦云，真正科学的精神是为真理而奋斗。总结自己多年来从事学术研究的心得，他说："心只管细，胆只管大，只要掌握了逻辑的思维，哪怕是纷繁复杂的世界、天经地义的学说，都不能吓倒我们。当然，我们万不可故意与人家辩驳，与人家捣乱，或者逞一己偏见，或者沽名钓誉。那种虚妄的行为不是勇猛精进的正道，已远出自由讲学的正轨。"他提出，科学研究虽然要破除迷信、勇于创新，但必须实事求是、谦虚谨慎。

之后，李四光回到主题，紧紧抓住"繁荣与炭"的密切联系，强调煤炭的重要性。他说："什么东西是现代繁荣最大的凭据？这个东西就是大家知道的天然势力。天然势力的种类虽然很多，但可供人类使役的，至今只知道有流行不已的热势力。如若没有热势力，地球上今天恐怕没有生物，自然连人类也是没有的。热势力是由什么地方来的？小部分是由煤油发生的，大部分是由煤炭发生的。从地质学上考究起来，我们确知世界上的煤油远不及煤炭多。所以，最要紧的问题，还是煤炭。哪一个所谓文明的国家不是用许多人拼命地挖煤炭？"

谈到中国的煤矿现状，李四光有些遗憾地表示，中国还需对煤矿进行详细调查，很多煤厂尚未使用新法开采。在介绍了中国各省区已知的煤矿后，他自豪地声称，如果按欧战之前全世界一年烧掉的煤炭量——10亿吨来算，中国的煤炭可供全世界使用1000年。但是，人类越趋于繁荣，煤炭的消耗量就越大，总有一天中国的煤炭会用光，世界的煤炭也会用光。这就引发了一个重要的议题："有什么东西，用什么方法来代替煤炭，维持人类的繁荣？"进而他又谈到利用天然能源的问题，把人类的能源概括为三大动力体系,即天体转动的潮汐动力、原子裂变的动力、太阳直送的动力(含直接的太阳辐射能量和间接的水力、风力等若干能量)。另外还有一种蕴藏于地中的热能。这是他一直关注的持续发展及如何持续发展的问题,之后他针对这个问题又提出"节煤和煤的综合利用"问题。显然,他善于把物理学与地质学融为一体进行综合研究,从而得出卓越的学术见解。

李四光能够预见性地指出研究解决人类未来生存能源问题的重要性及主要途径,可谓高瞻远瞩。

讲演结束时,李四光真诚地鼓励了留学生们,并以自己为例,勉励大家不要被暂时的困难吓倒。他的话说到了留学生们的心坎上,赢得他们热烈的掌声。

确实,在留学生活最艰难的时候,李四光仍然保持着乐观旷达的心态,注意劳逸结合。为了丰富业余生活,他还学会了拉小提琴。或许是因为拥有心灵手巧的天赋,他很快便掌握了高超的演奏技巧。这次在巴黎,他用随身携带的一张8开12行的五线谱纸,谱写了共计5行19小节的小提琴曲《行路难》。这次率性而为的创作,可谓无意插柳柳成荫,成就了中国人创作的第一首小提琴曲!李四光回国后曾把它拿给音乐家萧友梅过目,请她提出改进意见。

"多年奔走空皮骨,信有人间行路难"。袁世凯篡权后,空有满腔抱负却无用武之地,只得出国寻求救国之道的李四光，在英国待了7年，发现国内依然军阀混战，老百姓生活在水深火热之中。这首《行路难》是他当时心情的真实写照，也与他本人的境遇相符合，低沉的主调中带着高亢和悲愤的强音！这首小提琴曲完稿于1920年，但在近80年后北大百年校庆晚会上才首次公开演奏。曲子的手稿现藏于上海音乐学院图书馆，该学院的作曲系教授陈钢认为："最可贵的是乐曲立意深邃，行路难，这真是中国知识分子苦难历程的一个大概括！"

离开巴黎后，李四光辗转来到瑞士，深入考察了阿尔卑斯山。近百万年以来，欧洲经历了几次大冰期，阿尔卑斯山区形成了很典型的冰川地形，是欧洲最大的山地冰川中心。这里的很多山峰峻峭挺拔、山石嶙峋、角峰锐利，还有很多冰川侵蚀作用形成的冰蚀崖、冰斗、悬谷、冰蚀湖等，以及冰川堆积作用形成的冰碛地貌。面对如此丰富多彩的冰川地貌，李四光异常兴奋。他冒着严寒拍摄了许多照片，这对他后来研究中国第四纪冰川期起到重要的参考作用。之后，他又深入莱茵谷地进行考察，然后来到德国柏林，除了学习德文外，主要是考察一些典型的地质现象，察看战后景况，其间还经人介绍加入了德国地质学会。

这年秋末，李四光收到从伦敦转来的聘请电报，在电报中，北京大学校长蔡元培说国内的"民主与科学"运动正在蓬勃发展，希望李四光能尽快回国到北京大学地质系任教。李四光对北京大学不够了解，于是从德国给刚从北京大学毕业到英国伦敦留学的傅斯年写信，询问北京大学的情形。傅斯年立即回信如实转告。

李四光从傅斯年的信中得知，北京大学的前身是京师大学堂，校长蔡元培"囊括大典，网罗众家"，主张各派学说"兼收并容"，"以期各种学术之沟通"，将大学改造成以民主和科学为指导思想的近代综合性大学。它还是"五四运动"的发起地之一，校内实行学生民主自治，提倡学生组织社团活动，改革旧的教学管理体制，并且成立了评议会，从各科教授中选出若干评议员，共同实施对学校的民主管理。

李四光得知北京大学是"五四运动"的摇篮后，对蔡元培和北京大学全体教职员工都产生了由衷的敬意。看完信，他备感振奋，回国的时机已经成熟，决定接受北京大学的邀请。他随即停止了在欧洲的地质学术考察，收拾行囊回到伦敦。喜讯接二连三地传来，刚到伦敦他就获悉丁燮林和王世杰也收到了北京大学的聘书，两人分别受聘于物理系和法律系，于是三人一同筹划回国之事。

3. 北大地质系的"创业教授"

1920年5月，李四光和丁燮林、王世杰从伦敦出发，经巴黎、柏林、莫斯科、西伯利亚终于回到了北京。

回国后，李四光先回老家探亲，7年未见，父母愈见苍老，弟弟妹妹们也长大成人。家人见他回来都喜上眉梢，为他欣慰和自豪，认为他给李家争了光，也是同辈人的榜样。这让李四光心里既愧疚又感动，愧疚的是，这些年来他对家人的照顾实在太少了；感动的是，家人始终给予自己无条件的理解和支持。

1920年秋，李四光进入北大校园，正式担任北京大学地质系教授，并参与学校的一些管理工作，兼任校部评议会委员、理学院庶务主任，以及仪器委员会的委员长。

北大校长蔡元培和李四光一样，也是中国同盟会的成员，并且在孙中山领导的南京临时政府担任过教育总长，在民国知识分子中拥有巨大的影响力，在众人心目中，他既是一位和平敦厚的长者，也是一位德高望重的教育家。李四光很敬佩这位推崇思想、学术自由的教育家，这以后他们携手共建北京大学，可谓珠联璧合，直至1940年蔡元培逝世。

李四光初到北京大学时，国家仍处于北洋军阀的统治中，但是他目睹了在蔡元培"兼容并包"的教育思想指导下，北京大学成为新文化运动的堡垒，掀起改革求新的浪潮，处处洋溢着科学与民主的气息。李四光认为，这样的精神与氛围是办好先进教育的重要前提，虽然北京大学的师资条件、硬件设施都无法与发达国家相比，但是他坚信，只要继续保持这种奋发向上的精神和朝气，终有一天北京大学也会成为思想活跃、学术兴盛的知名学府。

当时北京大学地质系刚刚成立不久，师资力量薄弱，条件简陋。其所属的理学院设在和嘉公主府夹道往西的马神庙街，院落里长满了杂草，一片荒凉，教室和办公室也都破旧不堪。李四光来到学校后，蔡元培与学校相关负责人陪他一起参观校园，校方人员担心他嫌这里寒酸，影响其教学情绪。没想到李四光一点也没有介意，他已经做好白手起家的思想准备，他还向蔡元培提议需要整修院落，给学生创造一个良好的学习环境。

蔡元培见李四光这么通情达理，高兴地说："这里本来是北京的马神庙，大庙变大学，确实需要一番改造啊！李先生留学多年，可以说是见多识广，这事就有劳了，有什么困难尽管找我。"

此时李四光还是单身，与丁燮林、王世杰在地安门东吉祥胡同租住。没有家庭的牵绊，他完全把学校当成了家，浑身充满干劲。为了改造理学院，他查阅了很多资料，反复构思，还绘制了相关图纸。随后，他带领全系学生一起动手，在院子中间建起一座一米多高的圆形石台，上面放置一架造型别致的日晷——中国古人利用太阳投射的影子来测定时刻的装置。石台四面各刻着一句话，分别是"仰以观于天文""俯以察于地理""近取诸身""远取诸物"。这些醒目的话语点出了地质系的特征，使院落中洋溢着浓郁的学术气氛，时刻提醒师生们要发扬进取精神。石台周围用碎石子铺了几条小路,分别通往院门、教室和礼堂等处,小路两旁种植了成排的冬青和刺柏。

李四光知道,外部环境的美化是一方面,对学生来说,内部设施更重要。他将庙里的大殿改造成大讲堂,桌椅改成统一的样式,整齐摆好,并增加实验设备。为了方便学生洗浴,他还把几间破旧的斋房改成浴室,定期开放。

当时地质系的专用实验室只有40多平方米,分成里外两间,外间是矿物实验室,摆放矿物和晶体标本;里间是岩石和古生物实验室,摆放岩石和化石标本。实验里只有3台显微镜,而每次上课,一二年级的学生加起来有30多人,每个人只有两三分钟的观察时间,大大影响了教学质量。李四光为此到处筹措资金,并多次找校长蔡元培,提出一系列计划和建议。蔡元培对李四光的意见很重视,承诺设法解决。1921年11月11日,蔡元培邀请李四光列席评议会,讨论增加地质系的实验经费。

李四光深知经费来之不易,因此号召师生们爱护系里的一草一木,尽量使每一分钱都花在刀刃上。经过各方共同努力,地质系的建设初具规模,为日后的教学和科研工作打下良好的基础,而李四光也因此得到一个雅号——以校为家的"创业教授"。

4. 育人不倦

李四光远渡重洋留学，为的是"科学救国"，如今，他从海外归来从事地质教学工作，也是为了同样的目的。通过留学和早年从事实业管理的经历，他深刻认识到中国的自然科学还有很长的路要走，尤其是地质科学水平，与发达国家存在很大差距。中华民族要想尽快走向复兴，除了要改变腐朽黑暗的社会制度，还要改革教育观念和教学方式，以培养造就大批科学人才。

李四光到地质系后，讲授过矿物学、岩石学、高等岩石学、高等岩石实验、岩石发生史、地质测量及构造地质学、构造地质学、地壳构造等课程，并指导学生实习，每周授课23小时。他教学仔细认真，为了上好一堂课，他往往要花很长时间去备课，他查阅大量书籍资料，写好讲课提纲，准备挂图和实物标本，以及显微镜等教学仪器。讲授矿物学时，如果没有木质或玻璃质晶体模型，他便在黑板上仔细描摹各晶系矿物的晶体形态，以便学生产生直观的印象。

他对学生的要求很严格，尤其注意基础知识和基本功的训练。在他的课上，从来不是"老师只管动嘴，学生只能动耳"，他坚持教师只是指导者，在讲授必要的知识后便在课堂上展开讨论,让学生利用标本、图例及仪器进行观察分析,以便得出扎实的结论。他要求学生在做研究工作时,要先看实物标本,而不是先查阅外国参考书,免得先入为主,处处受他人思想的束缚,他提倡以我为主的学习研究过程。先看化石的外形,再用放大镜、显微镜仔细观察化石的结构,自行描述,掌握它的特点,从实际出发,自己分析,提出论据,然后再翻阅各国的参考书,进行比较和鉴定。

他讲课的内容也丰富多样,启发性很强,同时他也要求学生独立思考问题。他曾在课堂上说:"课堂讲授属于传授书本知识,这种书本知识只有经过实验证明才能化作牢固的学问。"这体现了他的教学特点,即师生之间共同思考、实践,把课堂变成实验基地。

在组织学业考试时,李四光从不因循守旧,学生们常常猜不出他要考什么内容。他第一次组织考试时,学生们按照以往的习惯,根据教学大纲进行针对性复习。然而,出乎大家意料的是,这位李教授居然没有发考卷,只在黑板上列出两道闭卷考试题目,一下子就把学生们都给难住了。为了了解学生的学习进度及对知识的掌握程度,在讲授岩石学时,李四光每隔一段时间就小考一次,而他最常用的考试方式是发给学生几块不同类别的岩石标本,让学生自行观察研究,按照标本编号写出标本的正确名称、矿物成分、生成条件、与哪些矿产有直接联系,等等。如果平时不重视实验观察和野外实践，根本不可能做出正确的解答。

刚开始的时候，学生们很不适应他的做法，私下里埋怨李四光不按常理出牌。但渐渐地，学生们都体会到李四光的良苦用心，明白只有这样才能把学到的知识转化为实际能力。在李四光的启发下，学生们对各种各样的石头产生了很大兴趣，实验室里的岩石标本一天天多了起来。

地质教学离不开实践，需要走出课堂到野外实习。李四光认为，野外作业是提高学生个人综合素质与培养实际工作能力的关键步骤，也是考察地形、地貌和地质结构的基本途径。所以，他不辞劳苦地带领学生外出上课，登高山、下矿井，边看边讲，并不断提出问题，提高学生的观察兴趣。他要求学生们实际测量各种地层的层序、走向、倾角、断裂方位等，并将其记在野外观测本上。岩石、矿物、化石都要采集标本，注明地点。每次野外归来，学生们都自觉地背回很多有价值的岩石标本，之后归类整理，贴上标签，陈列在实验室里。

有一次，李四光带领学生远赴西山的杨家屯煤矿实习，晚上师生们回到驻地，看见高年级学生杨钟健背着一块含有植物化石的大石头，他兴奋地把它放在李四光面前。李四光也很高兴，当场妙用陶渊明《归田园居》中的诗句，打趣道："你这该是'带月荷石归'啊！"这风趣的话语引得大家开怀大笑。

但是，因为学校经费拮据，学生的野外实习一度受到很大限制。李四光想方设法筹措经费，在蔡元培的支持下，学校通过了《津贴地质旅行案》，使地质系学生的野外实习有了更多的保障。

1921年春，李四光多次带领地质系学生到北京西郊三家店至金庄河畔的山下进行实地考察。学生们在辨别当地的地质构造时，发现《西山地质图》上说这一带应该属于石炭－二叠纪的辉绿岩和庙岭砂岩区，但他们用地质锤敲打下来的所有碎片都表明该地应该属于震旦纪的白色石灰岩。《西山地质图》由知名的外国地质学家亲手制作，而且经过官方地质权威机构审定。这使学生们备感迷惑：到底是谁错了呢？

在科研工作中，李四光向来反对盲从与迷信，鼓励学生挑战权威。他认为科学就是整理事实，以便从中得出普遍的规律或结论。经过进一步的考察和识别，李四光认为学生们的怀疑有据可依。这一带盛产石灰岩，还有一条专用的轻便铁路连接石灰岩采矿场和铁矿公司。因此，他鼓励学生们："从现实情况判断，我认为现在有两个问题需要大家继续思考：一是我们经验不足，不能正确理解图表上的标志含义；二是图表作者观察和辨析不够谨慎，或者没有进行详细的记录，仅凭印象仓促绘图并得出这一结论。"

学生们大胆地否定了前一种可能性，李四光对于这些年轻学子慎思明辨的学习态度十分满意,他笑了笑,大声宣布:"我们应该相信事实,服从真理!"

由此可以看出,李四光在教学过程中敢于向一些旧观点提出挑战。他曾经说过:"在追寻科学真理的路上,没有老师,更没有对与不对,只有实事求是!"后来,当他提出的理论受到学生质疑时,他也没有生气,反而劝说学生不该因为害怕表达不同意见而在发文时使用笔名。

经过这次野外作业,学生们的见识大大增加,也更加崇敬李四光了。在他们眼里,李四光是一位难得的良师益友。在后来的许多次艰苦的野外实习中,学生们都毫无怨言地跟着李四光,奔赴华北平原开展各项考察,即使一个山头、一条沟谷、一堆石子、一排裂缝也不放过,而且自发形成了主动提出问题、互相讨论的学习氛围。

李四光也很关心学生的前途。杨钟健从北京大学地质系毕业后,想去德国留学,写信征求李四光的意见。当时中国对于古脊椎动物的研究还很落后,李四光建议杨钟健选择古脊椎生物专业,并为他介绍了导师。后来,杨钟健成为著名的古生物学家,新中国成立后曾担任中国科学院古脊椎动物与古人类研究所所长、中国科学院首批学部委员。在著作《李四光老师回忆录》中,杨钟健感慨自己一生的工作和李四光的这一指示是分不开的。

根据统计,北京大学地质学系将近 20 届学生约有 200 人上过李四光的课,其中不少人后来成为地质领域的知名专家或学者。有些人和杨钟健一样，在新中国成立后继续致力于地质科学的研究，并取得卓越的成就。从1955年中国科学院设立学部委员（现称院士）至1980年，共有21位院士曾师从李四光，这也是李四光对我国地质科学和地质事业的一项重要贡献。

第五章　坚守民族气节

李四光曾说："我们不能不承认人家的文化程度比我们高，艺术比我们精。人家已经开辟了十块田地，我们的一片沃土还在那里荒着，请他们做好了，再拱手还给我们，世界上恐怕没有那么一回事。所以，我们的生机，还在于我们的民族，大家打起精神，举起锄头向前挖去。"

1. 伉俪情笃挚

到北京大学任教后，李四光废寝忘食，将精力全部投入科研、教学和教务中，不熟悉他的人难免会认为，除了教学和科研，他似乎没有其他爱好和情趣，生活中大概是个单调乏味的人。

李四光醉心于科教事业是事实，但要说他除了教学和科研，似乎没有其他爱好和情趣，那就大错特错了。实际上，他的爱好非常广泛，对音乐、美术、摄影、书法、文学、体育均有涉猎。他在英国留学时就学会了拉小提琴，能够熟练演奏贝多芬等音乐大师的名曲；他也遍读古今中外的诗歌、散文、小说和戏剧等名著，还写得一手锦绣文章。1922年4月北京大学举办全校运动会，他主动承担了运动大会的经费募捐工作，还上场担任比赛计时员，在运动场上东奔西跑。

第五章 坚守民族气节

更被传为一时佳话的是,他对音乐的爱好还不经意成了他的"媒人",帮助他找到人生的伴侣。

1920年,我国一些地区发生严重的自然灾害,很多学生和教授自动募捐,举办赈灾演出。李四光准备的节目是小提琴独奏,可是没有人伴奏。经朋友介绍,他请来参加钢琴演奏的北京女子师范大学附中的音乐教师许淑彬,为他做钢琴伴奏。

许淑彬是江苏无锡人,比李四光小8岁,她的父亲许士熊曾在中国驻英大使馆工作,回国后担任教育部秘书。许淑彬从小跟随母亲住在外婆家,在上海一家天主教堂创办的中学读书,英语、法语和音乐成绩都很出众。毕业后,她陪母亲来到北京,在北京女子师范大学附属中学担任英语和音乐教师。

在台上,他们两人的演奏可谓知音相遇,配合默契。小提琴旋律优美,娓娓动听;钢琴伴奏婉转和谐,把小提琴烘托得恰到好处。琴音沉寂后,场下一片掌声,演出十分成功。

这次演出也是两人恋情的开始。演出结束后的一段时间,他们经常见面,彼此的了解越来越深。但李四光教务繁忙,他上午给学生上课,下午指导学生们做实验,晚上还要进行相关研究;周末则一般是带学生去野外实习。为了保持联系,李四光每个星期都写信给许淑彬,和她分享自己在野外考察的见闻和收获,有时他还把自己带领学生做野外工作的情况写成诗。

见面的次数越来越少,许淑彬难免心生苦涩,但善解人意的她还是选择支持与理解。两年时间很快便过去了,他们的婚姻大事开始提上议程。

当时,许淑彬的父亲已经去世,家里的事情一般由她哥哥做主。她的哥哥对这门婚事并不看好,觉得李四光家境不好,年龄偏大,又一心扑在工作上,担心妹妹跟他结婚后会吃苦。但许淑彬的母亲则认为,李四光为人正直淳朴,性格柔中带刚;而女儿自幼娇生惯养、好胜心强,但心地善良,性格刚中含柔,两人的性格正好互补。既然母亲赞同,许淑彬的哥哥也就默许了这门婚事。至于李四光远在湖北的父母,早就盼望他娶妻成家,现在心愿达成,自然高兴万分。

1923年1月14日,34岁的李四光与许淑彬在北京租来的房子里举办了一个简单的婚礼。婚礼由蔡元培主持,李四光的好友丁燮林、王世杰,著名地质学家丁文江、翁文灏和陈源夫妇等到场祝贺。宾朋满座,举杯向新人致意祝福。

然而,幸福的背后,也隐藏着悲伤的阴影。就在他们结婚前一个月,李四光的父亲不幸离世;他们结婚的第二天,许淑彬的母亲又因脑溢血去世。巨大的悲痛笼罩着这对新婚佳人,幸运的是,夫妻俩互相扶持,互相抚慰,他们努力平复心情,投入各自的工作中。

第五章 坚守民族气节

婚后，他们先住在北京东城学池，不久又迁至三眼井。恋爱的时候有情饮水饱，精神满足胜过一切。结婚后一起生活，柴米油盐，琐事繁多，而李四光又一心牵挂着工作，和婚前如出一辙，这就难免发生摩擦。

有个周末，李四光很晚才回到家，发现妻子没有像往常那样做好饭菜等他。他进屋一看，妻子躺在床上，额上盖着一条毛巾。得知妻子发高烧，李四光忙给妻子倒水拿药，然后去做晚饭。晚饭过后，他便开始收拾小铲、小锤，装到书包里，一边收拾一边说："明天正好是星期天，我要领着学生到西山去勘查地质。你在家好好养病吧。"许淑彬听了面露愠色，但她知道，投入工作的李四光是劝不动的，也就没说什么。

第二天，学生们来到李四光家集合，发现师母病得很重，便建议下周再去，但李四光坚决不肯，还是带领学生出发了。奔忙了一天，李四光回到家已是夜半时分，他拖着疲惫的身子照顾妻子，但是一想到今天的收获，他又神采飞扬起来。他把从西山带回的矿石标本摆在许淑彬面前，笑着说："看着这些石头，你的病就一定能好！这些可都是宝贝，是灵丹妙药啊！"他那快活的神态把许淑彬也逗笑了。

这一年10月31日，许淑彬顺利生下一个可爱的女儿，取名熙芝。小熙芝一周岁时，某天，李四光答应妻子星期天一起带女儿去颐和园玩。但是到了星期天早上，当许淑彬带着女儿兴高采烈地准备出发时,李四光突然想起学校还有件事急需处理,于是跟她们道了个歉,便直奔学校而去。许淑彬既失望又无奈,只能自己带着女儿去了颐和园。李四光到学校办完事后,又骑着自行车匆匆赶到颐和园,但许淑彬已经失去了畅游的兴致。

有一次,李四光到野外考察后带回几块石头,因为来不及回学校,就先放在家里。几天后,他打算对岩石标本做鉴定,才发现石头少了一块,连忙去问许淑彬。许淑彬漫不经心地说:"不都在那里放着吗?"

李四光听后又重新数了一遍,发现还是少了一块,而且是最大的那块。这时,许淑彬才哑然失笑道:"噢,那块大石头呀,入秋时我把它拿去压酸菜了。"

李四光顿时焦急万状,这些石头都是他辛苦采回来的宝贝:"哎呀,你怎么能这样呢?快拿过来!"

但许淑彬却支支吾吾地没有动,原来,她用完那块石头后,就随手扔了。李四光正要发火,但看着许淑彬那歉疚的样子,他又努力克制自己的情绪,毕竟不知者不罪,要怪只能怪自己没有事先说明、没有保管好。

为了鉴定岩石标本,赶写论文,李四光经常工作到深夜才回家。一天晚上,他到家时已是半夜,家里静悄悄的,看来妻子和女儿已经入睡。他蹑手蹑脚地走到卧室看看妻子女儿,只见被子有一半掉在地上,便想过去给妻子盖好,结果发现妻子并不在床上。他连忙开灯,只见床上有个包裹，里面包着的正是自己丢失的岩石标本。他知道，是自己不近人情的做法惹得妻子不高兴，抱着女儿回娘家去了。但夜已过半，他不便去打扰，只好第二天一大早便去许家，向许淑彬认错，终于得到原谅。

这次风波过去以后，李四光对许淑彬体贴了很多，每天下班一回到家，就帮忙照顾女儿。他经常坐在桌子前，一手抱着女儿，一手写论文。半夜女儿醒了要喝奶，他为了让妻子多休息一会儿，总是自己起来给女儿冲奶粉，然后再把女儿哄睡。而许淑彬也意识到自己的过错，不再随意乱动李四光的标本，对李四光的工作给予了最大的理解和支持。

一个星期天，李四光一早起来就开始查阅资料，连早饭都顾不上吃。中午，许淑彬领着孩子回来，发现他的早饭还原封不动地摆在那里，既生气又心疼。李四光忙解释说："早上的饭凉了，所以没吃。"许淑彬无奈，只好把早饭热了一遍，亲自看着李四光吃完才算放心。看着李四光没日没夜地搞科研，许淑彬大受感动，在生活上更加体谅他，经常带着女儿送饭到实验室，并帮他做些力所能及的事情。

有一次，李四光正在学校的暗室里冲洗照片，红光印在他的脸上，将他的身影投射到玻璃上，形成一个人物剪影。这时，许淑彬带着女儿来给他送晚饭。女儿看见红玻璃窗上有个人影，就好奇地趴上去看，不料头碰到玻璃上，痛得她大叫起来，把屋里的李四光吓了一跳，他头也没回地大声说道："谁家的孩子呀？这么晚了还不回家，你父母会着急的。"

过了一会儿，许淑彬抬手敲门，李四光打开门，熙芝一下子扑到他的怀里，撒娇地问："爸爸，我是谁家的孩子呀？"

李四光想起刚才自己说的那句话，不由得笑起来，说："你是爸爸的女儿，也是妈妈的女儿呀！"说完看了看旁边的妻子，正好撞到许淑彬充满爱意的目光。

李四光顾不得吃饭，让许淑彬帮他把冲洗出来的照片剪下来，贴到本子上。这时熙芝也跃跃欲试，嚷着要帮忙，李四光便把她抱到桌前，拿起一张照片，教她怎么剪。就这样，李四光负责洗照片，妻子和女儿则边剪边贴。一家三口在红色灯光的映照下，幸福地忙碌着。

夜很深了，女儿已经睡着。许淑彬抱着女儿，李四光提着没来得及吃的凉饭，在夜色中往家里走去。

这样的日夜，不知有过多少个，它见证了一家三口互助互爱的温馨时刻。

抗战时期，李四光夫妇在重庆沙坪坝北培镇暂时定居，因为长期奔波逃难，心情郁闷，他们的健康时遇威胁。李四光患了疟疾，痊愈后身体仍然十分虚弱；许淑彬也身染重病，卧床不起，并且有严重的高血压。因为女儿在成都工作，李四光只能独自承担起照顾妻子的重任。每天早上

第五章 坚守民族气节

  起床后,他先烧水做饭,然后去重庆大学讲课,中午再赶回家做饭,照顾妻子,伺候她服药,下午继续去研究室做研究,晚上还要写讲稿。许淑彬见他这么劳累,让他向所里申请派人来帮忙,但李四光不愿给别人添麻烦,他说:"请人来照顾,很难贴心,还是我多吃点苦吧。"

  在照顾妻子时,李四光很注意细节,体贴入微。许淑彬有时见到同学朋友,心情难免激动。李四光认为情绪波动太大对身体不利,于是,他在家里立了一条不成文的规定,如果有人来看望许淑彬,先由他在门口迎接或出面接待,然后再转告许淑彬,这样许淑彬就不会过于激动和兴奋了。

  为了配合药物治疗,李四光夫妇还独创了一套音乐治疗法。夫妻俩一个擅长小提琴,一个精通钢琴,于是丈夫为妻子拉琴,妻子为丈夫演奏,在音乐中,病痛似乎也减轻了许多。

  李四光和许淑彬几十年相濡以沫,同甘共苦,感情极其深厚。在生命的最后时刻,李四光仍然记挂两件事,一件是地震预报尚未攻克;另一件就是放心不下许淑彬。李四光去世后,许淑彬悲痛不已,生活变得索然无味,由于过度思念丈夫,她终于也病倒了,两年后追随李四光而去。

2. 蜓科化石的研究起步

李四光早年求学时曾两次更改专业,而他更改专业的出发点就是"国家需要"!学成归国后,他的科研选择也总是与国家需要紧密结合在一起。

我国北方煤炭资源较丰富,煤炭的开采和利用对于国家的繁荣有重要意义。为了实地了解我国的煤炭资源分布情况,李四光到北京大学的第一年秋天,便带领一些学生到河北省南部的六河沟煤矿进行野外实习。他把备课、讲课、带学生实习,当作实践的极好机会,不断积累资料,思考和研究问题。后来他们又去了山西、河南、山东等地进行煤田地质调查。

有一次,有个学生发现了一块外表普通,却带有光泽的石头,拿到阳光下一照,还能看见里面有条虫子,于是马上把石头交给李四光。李四光对着阳光仔细观察辨认,初步判断里面的虫子很像外国人称为纺锤虫的生物。

学生们一脸茫然,李四光问道:"大家知道纺纱吗?"学生们点点头,李四光接着往下说,"纺纱用的纺锤,两头尖,中间大。这块石头里的虫子也是如此,只不过它特别小,不易分辨。日本人根据它的形状,称它为纺锤虫。"

第五章 坚守民族气节

"这种虫子怎么会跑到石头里去呢?"学生们随即提问道。

"这叫生物化石。纺锤虫是亿万年前的一种单细胞动物,主要生活在海水侵蚀过或者低洼的地层里,靠丝状伪足伸缩爬行。后来,它们因生存条件恶化,大批死亡,最终灭绝。在漫长的地质年代,有些纺锤虫的尸体被夹进石块中保存下来,变成我们现在见到的这种化石。"

学生们一听这块石头里面竟有这么多学问,顿时兴趣大增,争相传看这块稀罕的石头。在传看过程中,有学生问李四光:"研究这种化石有什么用处呢?"

李四光耐心解释:"根据国外的资料,这种化石有很多种类,对这些不同种类的纺锤虫化石进行比较,可以准确地划分各种不同地层的先后顺序,从而为开发地下资源提供依据。比如,这种化石出产的地层,藏煤量十分丰富,如果能鉴别出不同化石的种类,就可以知道煤炭在地下埋藏的情况。"

这次以后,李四光开始了中国最早的对这类化石的研究。不过,他认为"纺锤虫"这个名字不够严谨。中国古代把纺筳叫筳,根据纺锤虫如蜗状之筳的壳架结构性特征,他将其命名"筳科",之后又在"筳"的前面加"虫"字旁,定名叫"䗴科"。

李四光认为,科学地划分含煤地层,有助于发现矿藏规律。如果地层划分不清,就不可能推知矿产生成的规律,而要解决这个问题，必须研究保存在地层中的古生物的演变历史。

在地球上，石炭－二叠纪是形成煤层的主要时代，蕴藏在石炭－二叠纪地层中的煤，几乎占了世界和中国煤藏的一半。所谓石炭－二叠纪，是地质年代石炭纪与二叠纪的合称。石炭纪在3.55亿年前至2.95亿年以前，本纪包括早、中、晚三世。二叠纪开始于2.95亿年前至2.5亿年以前，本纪有早、晚两世之分。

而䗴恰恰生活在石炭－二叠纪，如果能深入研究对比䗴化石的形态、特征，就可以发现其种属演化过程，从而详细划分石炭－二叠纪的含煤地质，为寻找开发煤矿资源提供科学依据。所以，深入开展䗴科研究，探讨䗴科的鉴定方法是极其重要和迫切的。

当时世界上对于䗴科化石的研究虽然已有100多年的历史，但对于䗴的分类以及在地层时代的划分仍然十分混乱。作为一名地质科学家，李四光将研究目光锁定在这一领域，以求规范学术界的认知，从而更有效地指导生产实践。

当然，这项研究是复杂而艰巨的。为了收集䗴科化石，李四光带领学生频繁奔波于山野、煤矿。由于交通不便，经费又有限，大多数他们都步行，只有仪器设备较多时才雇几头小毛驴。每次回来，他们都肩扛背包，包里装着沉甸甸的石头。

而找到石头只是万里长征的第一步，因为䗴这种生物极为微小，肉眼只能看到外壳，要研究其内部结构，不仅需要将标本从不同方向切成薄片，还要磨到零点几毫米的厚度，再放到显微镜下观察分析，才能从中辨别古生物体的内部结构形态。当时研究设备简陋，要想得到理想的切面很不容易，但李四光没有知难而退，在这项既烦琐又艰难的研究工作中积极寻求解决方法。

当时薄片制作室里有一位姓朱的师傅，是李四光的得力助手。朱师傅把石头放到金刚石切刀上，将石头磨成薄片，再用铺着金刚砂的磨盘进行打磨，将石片磨到一定程度，再由李四光磨到标准厚度。这种薄片的厚度要求精细到0.03毫米，只有一张薄纸的厚度，能完全透过光线。这种厚度当时并没有工具可以测量，只能依靠经验和技术。李四光总是边磨边看，磨一磨，再看一看，然后再继续磨，如此反复，直到满意为止。为了磨制从太原西山地区采集的太原统含䗴类化石标本，他经常工作到凌晨，亲自制作了2000余张薄片。

有一次，李四光为了磨制化石，从早上一直忙到傍晚，才把化石磨好，这时他突然想起自己还没有吃午饭，便拿出干馒头一边吃一边骑车回家。许淑彬见他又这么晚才回家，正要抱怨两句，但一看见他脸上黑一道白一道，像戏台上的大花脸，不由"扑哧"一声笑了起来，心疼地埋怨道："这一整天，你是不是演戏去了？"

李四光一脸茫然,不知道妻子为什么这么说。许淑彬乐道:"你去照照你的脸。"

李四光走到镜子前一照,自己也忍俊不禁。

就这样,李四光每天早出晚归,废寝忘食地研究蟆科化石,终于从显微镜中清晰地看到蟆科化石的内部结构,那是一些蜜蜂窝状的小格子。根据小格子的不同排列,他鉴别它们不同的种属,判定出它们的进化阶段,确定了蟆科最初是出现在石炭纪初期,曾广泛分布于世界各地,种属繁衍甚多,到二叠纪末期绝迹。我国石炭-二叠纪地层分布很广,是世界上主要产蟆的地区之一。

经过刻苦研究,李四光的研究取得了可喜的进展。到1923年初,他的论文《蟆蜗鉴定法》《蟆蜗的新名词描述》《山西东北平定盆地之蟆蜗》《葛氏蟆蜗及其在蟆蜗族进化程序上之位置》先后问世,引起了很大反响。

在鉴定蟆科化石的过程中,李四光深感描述过于烦琐,于是独创了蟆科鉴定的10个标准。按照蟆科的主要特征,用若干曲线来表现,使其既有定性又有定量的概念,还可以减少文字描述的烦琐,提高了鉴定的准确性和科学性。这10条标准,后来一直被国内外蟆类研究者延用,作为建立新属种和分类研究的依据。

为了系统地概括我国北部蟆科的类型,李四光将蟆科分成了多个新属,并将有的新属以伯明翰大学的鲍尔顿教授、威尔士教授、我国地质学家丁文江、翁文灏的名字进行命名，以感谢他们对自己提供的指导与帮助。

通过研究我国北方八省 16 个大煤田地层中采集的大量标本，1927 年，李四光出版了自己的第一部科学专著《中国北部之蟆科》，其研究结果顺利解决了我国北部石炭－二叠纪含炭地层时代的划分问题，使各方的认识得到统一，有力地推动了地学探索的深入开展。这项研究成果受到了鲍尔顿教授以及国外有关专家学者的高度重视。

鉴于李四光的科研创举，1931 年，英国伯明翰大学授予他自然科学博士学位。这时李四光正在国内工作，无法专程前往领取文凭，而请人代领文凭则要花 18 英镑买一套博士服和帽子，李四光认为自己做研究工作不为名不为利，文凭不要也罢。最后，还是许淑彬汇去 18 英镑请人代领，这个博士文凭才寄回中国。

3. 祖国不可辱的傲骨

李四光从小立志报国，以振兴中华为己任，胸怀深切的责任感和爱国心。为了捍卫祖国尊严，他总是不卑不亢，以实际行动和科研成果来回击西方人的傲慢和偏见。

1922 年，恰逢北京大学举办建校 25 周年校庆，为了展示学校的办学成果，北京大学举办了历史、美术、出版品和地质展览。李四光负责地质部分的展览工作。这也是中国首次举办的内容丰富多彩的地质科学展览。一天，有个外国人自称来自中华教育改进社，要求参观地质展览。李四光礼貌地接待了他，带他到地质系观看了各种设备，并介绍教学情况；但对方态度傲慢，不仅对李四光的讲解毫无兴趣，还公然在实验室里抽起了雪茄。李四光好言劝阻，但他置之不理。李四光认为这件事关系到国家和学校的尊严，必须严肃对待，因此，他当场斥责了这个外国人的行为。随后，他又向学校教务处提议，今后如有外国人来参观，必须先征得有关学系的主管教授的同意，再予以接待。李四光对待外国人不卑不亢的态度表现出中国人的风骨。

1925年4月初，李四光和地质学家袁复礼一起参加了北京学术界在中山公园来今雨轩召开的欢迎会，欢迎美国人组织的亚洲第三考察团满载而归。在欢迎会上，第三考察团团长安珠士扬扬得意地宣称："我们找到了巨大的恐龙化石，这可是一件了不起的重大发现。在内蒙古，我们打着庄严的美国国旗，唱着美国国歌，迈着大步，胜利前进。我们美国立国历史虽短，但在科学上并不落后于人。我们要走在世界的前面，这是毫无疑问的。"

安珠士趾高气扬的态度，让在场的中国学者心中颇为不快，李四光尤为愤怒，等安珠士讲完，他既没有鼓掌，也未发一言。散会后，他对袁复礼说："听见了吧，希渊，美国人太傲慢了！我们一定要有自己的作为，要不然，中国人就没法在外国人面前直起腰来!"这并非李四光肚量小,只是他强烈的民族自尊心使然,他时常追问自己:中国什么时候也能培养自己的硕士乃至博士呢?这一天要什么时候才能到来?

那个年代,中国人在国外留学,往往遭受很多歧视和凌辱,有时即使是在国内,这种歧视也难以避免。

有一次,北京大学安排李四光陪同一位英国学者参观地质系。这个英国人一脸倨傲,大摇大摆走过来,见接待自己的人衣着寒酸,居然用中文介绍情况,便生气地用英语对翻译说:"能不能找一个会说英语的教授来陪我?"翻译将他的话转告李四光。李四光听了,不动声色地说:"明天也是我!"英国学者得知李四光就是教授,而且是系主任后,不得不当场表示歉意。

实际上,李四光精通英语、日语、法语、德语,他的著作《中国地质学》便是用英文写成。他之所以用中文向这位英国学者讲解,是因为他在国外留学时经常遇到外国人轻视中国人的情况,民族自尊心和自信心促使他坚持在本国使用母语接待外国来宾。

1927年春,袁复礼代表北京大学考古学会参加了中国学术团体协会与瑞典探险家斯文·赫定关于组织西北考察团合作办法的谈判和拟定。5月3日,由中外科学家联合组成的考察团正式成立,中方团长为徐炳昶,外方团长为斯文·赫定。袁复礼也作为中方团员之一参加。李四光一直把这件事记在心上,在考察团出发前两天,他对袁复礼说:"希渊,你还记得美国人安珠士在中山公园演讲时说的话吗?我们一定要争气!"

1928年年底,由于徐炳昶、斯文·赫定有事先回北京,袁复礼受命接任团长,继续调查工作,历经5年时间,圆满完成了任务。在这次考察活动中,中国地质学家表现极为突出,袁复礼更是成为连续考察时间最长、采集品最多、收获最大的团员之一。

李四光得知西北科学考察结束后,马上邀请刚回到北京的袁复礼到北京大学作报告。1932年5月,袁复礼来到北京大学,向北大师生汇报了在新疆发掘的72具爬行动物化石(包括恐龙化石)的辉煌成就。对于扬我国威的优秀人才,李四光历来特别敬重,所以他怀着激动的心情,亲自在台下为袁复礼放幻灯片,幻灯片与报告内容配合得非常默契。因为全部注意力都放在汇报上,袁复礼一直不知道是李四光在为自己放幻灯片,等他讲完后,发现李四光在收拾幻灯片,这才恍然大悟。他连忙跑到李四光面前,抱歉地说:"真对不起!"

李四光却毫不在意,赞许地说:"希渊,你为中国人争了气,看看安珠士他们还能说什么!"说着,李四光指了指自己的头,"中国人的这个,一点也不比外国人次,我们绝不要自轻自贱。这回是咱们高举旗帜,迈着大步,胜利前进了!当然,我们不能不承认人家的文化程度比我们高,艺术比我们精。人家已经开辟了十块田地,我们的一片沃土还在那里荒着,请他们做好了,再拱手还给我们,世界上恐怕没有那么一回事。所以,我们的生机,还在于我们的民族,大家打起精神,举起锄头向前挖去。"

北京地质学院成立后,李四光作为地质部长前去视察。刚下车,他就在人群中一眼认出已调到地质学院任教的袁复礼,于是越过欢迎队列中的学院领导,热情地与袁复礼握手问候,袁复礼为此感动不已。

友谊是相互的,袁复礼对李四光的崇敬之情终身未减。李四光逝世后,袁复礼积极支持成立李四光研究会,并被推选为名誉理事长。这让他十分欣慰,同时也是一份坚贞友谊的见证,打破身份界限,全凭民族与国家之情。

李四光的课堂教学同样充满了民族情感。他上课时,除了科学专有名词习用外语外,始终坚持用中文讲解。有一次上课时,有个学生半开玩笑地叫他"Mr. Li",他却严肃地说:"你可以称我老李、小李,或阿猫、阿狗,但是我不准你叫我'Mr. Li'!"学生一时手足无措,没想到这位留英教授会反感别人用英语称呼他;李四光稍后也觉察到自己态度过于生硬,便解释道:"我们都是中国人,和同胞说话的时候,应该用自己民族的语言。"

这种"反洋奴、树国威"的思想,深深扎根于李四光的内心深处,所以也处处体现在他的日常行为上。

4. 打开科研新局面

秉承不断开拓进取的精神，李四光的教学成绩和科研业绩屡创新高，他不仅赢得北京大学全体师生的敬重，也理所当然地成为中国自然科学领域的领头人之一。

1925年，李四光作为北京大学的代表，应邀参加苏联科学院成立200周年纪念大会。

苏联科学院前身建于1725年，1917年俄国十月革命胜利后，科学院成为国家科学组织，并于1925年更名为苏联科学院。作为一个历史悠久、规模庞大、研究实力雄厚的科研机构，苏联科学院人才济济，在自然科学、技术科学、社会科学和人文科学的基础研究中硕果累累，在世界上享有很高的声望。

李四光对于共产党领导下的国家的科学研究状况一直充满好奇，这次是个难得的机会，他打算充分利用这次机会，本着开阔视野、互通信息和学术交流的心态认真对待。

临行之前，他的心情既激动又复杂。这一年3月12日，伟大的爱国者和革命先行者孙中山先生在北京病逝，享年59岁，举国悲痛。李四光自青少年时起就对孙中山先

第五章 坚守民族气节

生极为敬仰，得知噩耗后悲痛不已。他想到自己从加入中国同盟会到投身辛亥革命，从任职湖北军政府到前往英国留学深造，每一步都得益于孙中山先生的指引。也正是孙中山先生的远见，促成了国共两党的第一次密切合作，开创了"联俄、联共、扶助农工"的大好局面，后来又多次强调中国革命应坚持"以俄为师"的方针。作为一名学者，李四光对"三大政策"的本质含义并不是很明白，他想，或许这次访苏之旅能帮助自己找到答案。

很快，李四光坐火车从北京出发了，他将出山海关经过辽阔的东北平原，来到中国边陲城市满洲里，然后改乘苏联火车，从赤塔站向西行进，进入苍茫广阔的西伯利亚大地。火车至少还需行驶7天7夜才能到达目的地。

其中，国内的行程大概需要3天3夜，分别乘坐三趟火车，一趟是北京至奉天（今沈阳）的京奉铁路，由中国经营；一趟是奉天至长春的铁路，由日本经营；还有一趟是长春经哈尔滨至满洲里的中东铁路，由苏联经营。对于在自己的国家还要通过日本和苏联的两道关卡，换两次火车，李四光的自尊心深受打击，脑海中又响起了孙中山先生的遗嘱："革命尚未成功，同志仍需努力……"

终于，火车进入苏联境内。地质学家的专业素养使李四光时刻不忘本行，不管去到哪里，他最感兴趣的总是当地的地质地貌。透过车窗，他兴致勃勃地欣赏苏联的自然景观，时而凝神思索，很快一片蜿蜒起伏、雄伟壮观的崇山峻岭出现在他的视线里，这是乌拉尔大山脉。李四光目光锐利地观察着山脉的构造与走向，脑子里也萦绕着很多疑问——这座褶皱强烈、南北蜿蜒的巨大山脉，突兀地耸立在辽阔的西伯利亚平原上，它是如何形成的？是孤立存在，还是与其他地质现象有联系呢？

列车窗外的景色渐渐向后移动，留在他脑海里的问号却越来越多。这些问题让他那艰苦而漫长的行程变得不那么难熬，9月3日，李四光终于抵达苏联的首都莫斯科。

这次盛会为期10天，分两个阶段进行，前5天在列宁格勒（今圣彼得堡），后5天在莫斯科。在列宁格勒，李四光参观了人类学陈列馆、矿物陈列馆、地质陈列馆、动物陈列馆、亚洲博物馆、生物学院、生理学院、物理学院以及托尔斯泰陈列馆等苏联科学院直属的30多个科研单位。看到苏联科学院的科研单位类别如此健全，内容也极其丰富，李四光深为震撼。在莫斯科，各种学术报告同样让李四光受益匪浅。

在会上，李四光结识了苏联和其他国家的许多知名学者，比如苏联科学院的永久书记欧登堡，苏联科学院院长、地质学家卡尔宾斯基，苏联科学院院士、矿物学家、地球化学家费尔斯曼，古生物学家鲍尔霍维金诺娃等。他们在大会上就世界地质学、矿物学、地球化学和古生物学的现状与未来，广泛交换了学术意见。热情的鲍尔霍维金诺娃还专门陪同李四光到莫斯科近郊波多尔斯克观看了中石炭纪地层实况。李四光还代表中方邀请苏联科学院永久书记欧登堡第二年到中国访问，进行学术交流。后来，李四光与这些苏联科学家一直保持着联系，不定时地相互交流各自的研究成果，有力促进了两国地质科学的互动与发展。

在这次会议期间，李四光没有忘记沿途中乌拉尔山脉给自己带来的疑问，他与苏联的地质学家进行了探讨。当时传统地质学称地壳上褶皱强烈并隆起的地区为"地槽"。苏联地质学家肯定地表示，乌拉尔山脉是由一个南北地槽在返回阶段中转变而成的。但李四光对于这个结论并不满意，他认为乌拉尔山脉应该是在上古时期因一次巨大的构造运动形成的，而这次运动不可能只形成一座孤立的乌拉尔山脉。

他认真研究了苏联地质图，发现乌拉尔山脉并非孤独地耸立于平原之上，它的南边还有一座东西延伸而又向南突出的巨大弧形山系，与南北走向的乌拉尔山共同合成一个雄浑的"山"字。

回国路上，李四光再次经过乌拉尔山脉，他苦苦思索着这一值得探究的自然现象。面对眼前这个"山"字型的地质构成，他初步认为，这种"山"字型构造可能是因为地球自转速度加快，引起地壳广泛运动而产生的。

对李四光个人而言，这次远行无疑是成功的。在此之前，细心的他已经对国内类似的地质现象做过大量调查，眼前这"山"字型地质构造使他对创立地质力学等学说充满了信心。

为了验证自己的想法，回国后，李四光开始在中国进行实地考察，先后发现了宁镇山脉"山"字型构造、广西"山"字型构造、淮阳"山"字型构造及其他一些不同类型的构造。在对"山"字型构造体系的研究中，他得出结论："山"字型构造是地壳表面运动时产生的一种专门类型，只要发现有南北走向的脊柱，大概率会在它的东西方向找到一座大致为弧形的山系。反之，只要发现了东西走向的弧形构造山系，在弧顶也可以找到南北走向的山脉——"山"字型构造的脊柱。

1929 年，李四光发表了《东亚一些典型构造型式及其对大陆运动问题的意义》一文，明确提出"构造体系"的概念，推断了大陆和海洋运动的主因，为地质力学初步打下了基础。这篇文章也标志着他的学术研究开始进入研究地壳构造体系的新阶段。

第六章　中国地质先锋

作为一位奉献者，一位淡泊名利、为民造福的大地之子，李四光的头脑里总有源源不断的课题。他是中国乃至世界科学战线的主将之一，又是勇于闯关的排头兵。哪里最困难，哪里最需要他，他就到哪里去；而且他去到哪里，哪里便会出现令人惊喜的奇迹。

1. 创办地质研究所

1928年6月,国民政府成立了全国最高的综合科研机构——中央研究院,由蔡元培担任院长,杨铨担任秘书(后改称总干事)。首批筹建的研究机构有4个,包括社会科学研究所、理化实业研究所、地质研究所和观象台等。李四光经蔡元培推荐,离开北京南下,主持地质研究所的筹建工作。

第二年,在多方面的共同努力下,地质研究所正式成立,李四光任所长,同时兼任北京大学教授。这段时间,他往返于南京和北平(今北京)之间,指导和协调两地的地质科研工作。

刚开始,地质研究所条件异常简陋,连固定的办公场所也无法保证。由于国民政府刚刚建都南京,机关众多,资金和房舍十分紧张,地质研究所只能暂时把所址设在上海,在闸北宝通路租用民房作为地质研究所办公场地。临时解决了办公场地后,李四光明确提出了地质研究所的研究方向:"本所的研究工作,应特别注重讨论地质学上之重要理论,目的在解决地质学上之专门问题,而不以获得及鉴别资料为满足。"为此,他强调本所的地质研究工作必须理论联系实际,对"野外调查是研究地质之根本"的原则毫不含糊。为了减少同一地区的资源浪费,他还加强与其他地质部门的协作关系,要求派出调查人员之前应事先与国内其他地质机关协商。

但是,因为没有固定的办公场所,地质研究所终究免不了奔波之苦。因经费原因以及战争的影响,到1932年迁至南京之前,他们几乎年年搬家,从闸北的宝通路到霞飞路、沪西的曹家渡小万柳堂,再到中国科学社的明复图书馆……后来回忆起这段经历,李四光感慨地说:"隔不了多久,几个人又要扛着'地质研究所'这块招牌,在上海的马路上跑来跑去。"

经多方努力,由李四光亲自选址、设计,并聘请建筑师杨廷宝监盖的中央研究院办公大楼,于1933年秋在南京鸡鸣寺路上落成,地质研究所终于有了固定的所址。在中央研究院总干事杨铨的大力帮助下,地质研究所还添置了图书资料、仪器等必备设施。办公大楼里设置了几间陈列室,200~250平方米,李四光规定"凡研究人员在各省采集之矿物、岩石及化石标本,均择其较为完好者陈列于此"。

有了房舍和仪器，第二步就要健全科研队伍，明确各个岗位的工作职责。在李四光的努力下，所内的人员和机构都非常精简，除了秘书徐厚甫外，还包括8名专职研究员、1名兼职研究员、4名特约研究员、11名助理员、2名绘图员、1名图书管理员兼庶务员、2名文书。后来人员略有变动，但是总数量大体相同。基于发展需要，他又设立了综合性的古生物实验室。

对于人员的聘任，李四光要求十分严格。他认为，选拔人才不仅要重视学识，更要强调个人品德。除了聘请有贡献的地质学家作为兼任研究员或特约研究员外，他一般选择年轻有为的研究人员，将工作需要与个人专长结合起来安排岗位，使每个人都能充分发挥自身的优势，人尽其才。例如，朱森负责研究地质构造，斯行健研究古植物，孟宪民、张更研究矿床，舒文博研究岩石，叶良辅、喻德渊研究火成岩，李捷、张祖还研究区域地质，陈旭研究蜓科，俞建章研究头足类及珊瑚等。

李四光对研究人员一视同仁、关怀备至，但他对于工作也毫不含糊，不容许有半点懈怠。为了做好管理工作，他建立了严格的规章制度，奖惩严明。在考勤方面，研究人员每天必须如实填写上下班时间和工作简况，并交给秘书存档，作为个人的业绩考核依据。在工作方面，研究人员每次从野外考察回来，李四光都会亲自与之谈话，审查其带回的标本和鉴定结果、调查报告,以验证结论是否正确,然后做出相应的学术评估。

李四光还很重视研究人员的培养、深造工作。他认为,地质科学是一门世界科学,一个国家再大也只是一个局部。所以,对于有前途的研究人员,他总是设法创造条件,派他们到国外访问考察,如俞建章、朱森、张更、陈旭、斯行健等人便曾前往英国、美国和德国进行学术交流。

在李四光的倡导下,"地质研究所同人半月会"成立了,每隔一周的星期六下午举行内部学术演讲,讨论地质学上的相关问题。为了交流科技成果,他还让人将比较优秀的专题论文编成中文集与西文集小册子印刷出版,被中央研究院评为全院杂志刊物的标准。

地质科学的特殊性在于,要想判断现在的某项研究,需要参考以前发表的各种文献,和以前搜集的古生物标本做对比研究,所以,古生物标本和文献资料必不可少。李四光对此非常重视,担任所长后,他带领学生和研究人员常年奔波于野外,精心搜集生物标本,使这方面的资料越来越丰富全面。

为了搜集相关的理论书籍,李四光还紧抓住到欧洲讲学、参加学术会议的机会,自费购买地质学、古生物学的二手书籍。当时的地质学术中心在欧洲,很多理论书籍也是由欧洲专家撰写的,李四光每到一处,总是大量购买市场上的二手书籍,竟一度使欧洲的同类二手书价格猛涨。

尽管耗费了几乎所有积蓄，但李四光从不后悔。如今世界三大古生物研究中心之一、中国科学院南京地质古生物研究所古生物专用图书馆里的很多书籍，都是他费尽辛苦从欧洲带回来的。而且，标本馆内也存有大量他采集的古生物标本。李四光不计得失，一心为国的爱国主义精神，令人敬佩！

从1928年至1948年，整整20年，李四光一直与地质研究所同呼吸共命运，在困难当头和民族危亡的历史时期，这20年是他生活最清苦、工作最劳累，也是科研成果最丰硕的20年。

2. 共建武汉大学

1928年5月，南京国民政府大学院（后改为教育部）决定在国立武昌中山大学的基础上，建立国立武汉大学。这也是大学院院长蔡元培推行大学区建设的方案之一，他认为在中部建立一所国立大学有助于中部地区高等教育事业的发展。8月，新校舍建筑筹备委员会成立，成员包括李四光、王星拱、叶雅各、张难先、石瑛等人，李四光任委员长，叶雅各为秘书。

很快，武汉大学的选址工作开始了。在李四光心目中,大学校园里应该有山有水,动静相宜,才能够启迪人的灵性。叶雅各是林学家,对武昌郊外的地理环境比较熟悉,认为"武昌东湖一带是最适宜的大学校址,其天然风景不唯国内各校舍所无,即国外大学亦所罕有"。于是,李四光和叶雅各带着干粮,骑着毛驴,到东湖一带实地考察,最后看中了东湖之滨、远离闹市、山丘起伏的罗家山一带。

罗家山过去是坟山,主人姓罗,故名罗家山。此时,周遭荒山野岭,一片凄凉。后来,武汉大学文学院院长闻一多给平庸俗气的罗家山换了一个韵味无穷的名字,也就是一直延续至今的"珞珈山"。

校址定下来后,因为珞珈山及其附近都是荒山田野,交通极其不便,需要修筑一条专用公路连接街道口,但要修路就要迁坟。可是,当时民众认为迁坟祸及祖先,于是就涌现出强烈的反对声,很多人到省政府请愿,力陈"祖坟山不能建大学"。省政府迫于压力,要求武汉大学停工,另选新址兴建。

这时,湖北省教育厅长刘树杞因事务繁忙辞去了代校长一职,教育部任命王世杰为武汉大学首任校长。王世杰的目标是将武汉大学办成一所拥有"文、法、理、工、农、医"六大学院的综合性大学,规模在万人以上。他和李四光一致认为,珞珈山这个地方如果不建大学将愧对后人。为此他冒着风险,果断派人将所有妨碍建校的坟墓一夜之间全部迁掉，造成既定事实。最终，在李四光、王世杰等人的斡旋下，此事圆满解决。

为了将这个湖光山色、风景如画的地方建成一座别具一格的校园，李四光亲赴上海，请来国际一流建筑师凯尔斯担任新校舍建筑工程师。凯尔斯精通中西建筑，对中国文化十分熟悉，曾为清华大学做过设计。他在珞珈山实地考察后，认为这一带山势缓和、水源充足，山石、泉水、湖水均可就近取用，新校舍若依山而建，还可以大大节省地基和石料。为了尽快拿出设计图，他每天在山上实地观察，有时在一个地方一站就是几个小时。半年后，设计图终于面世。凯尔斯巧妙利用珞珈山、狮子山一带的地形，以北京的故宫为蓝本，根据中国传统建筑"轴线对称、主从有序、中央殿堂、四隅崇楼"的原则，完成了武汉大学新校舍的设计。

经新校舍建筑筹备委员会选定，参与承建武汉大学工程的营造厂主要有汉协盛、袁瑞泰、永茂隆及上海六合等著名营造厂。工程监造方面，李四光请来了凯尔斯在哈佛大学的同窗好友、湖南大学土木工程系教授缪恩钊，由他负责施工技术监督及部分结构、水暖设计。

为了确保工程质量，李四光一丝不苟，毫不松懈，所有的设计图和建筑投标合同都一一过目，并经常亲临现场指挥和视察，及时解决施工中遇到的各种问题。

与此同时，叶雅各负责引进种子，王世杰则亲自带领师生从东门口到珞珈山路造林，半年内即植树 50 万株，校园绿化林基本成型。

1931 年 10 月，新校舍第一期工程竣工。次年 5 月 26 日，武汉大学举行新校舍落成典礼，原先蜗居于武昌东厂口（今湖北教育学院）的武汉大学师生浩浩荡荡地进驻新校区。在典礼上，王世杰动情地说："12 年前，我和李四光在回国途中曾经设想，要在一个有山有水的地方建设一所大学，今天，这个愿望实现了！""本校的工程，尚只完成一半。我们的建设不仅是物质的建设，还有最大的精神建设，无论在学术建设方面或文化事业方面，我们都在努力。请大家看看我们所走的路是不是中华民族的出路，是不是人类向上的路！"

李四光也到场表示祝贺，第二天他为武汉大学师生发表了学术演讲，并为毕业纪念刊题词："用创造的精神和科学的方法求人生的出路。"

到 1936 年，武汉大学建筑群全部竣工，中西合璧的宫殿式建筑，包括文学院、理学院、法学院、工学院、图书馆、体育馆、老斋舍（学生宿舍）、学生饭厅和俱乐部、十八栋（珞珈山教授别墅）、教职员工宿舍等，建筑面积 7 万多平方米。昔日人烟稀少、四周荒芜、不宜人居的珞珈山在李四光等人的主持、设计下，摇身一变，成为一座美丽的大学城。

此后，李四光每次来武汉大学，通常利用晚上的时间，在理学院的阶梯教室向师生们作学术演讲。他演讲的内容十分广泛，大部分取自其研究的课题，如"庐山冰川问题""东亚恐慌中中国煤铁供应问题"等，从来都是言之有物，满怀忧国忧民之情。在讲"东亚恐慌中中国煤铁供应问题"时，日本侵略军已侵占我国东三省，正向华北地区步步紧逼，李四光脸色凝重地说："今天要谈的不是一般的供应问题，而是中国在日本人侵略之下，自身供给煤铁的问题。""抚顺的烟煤，其产量很多，煤质亦佳"，而"日下全区煤田，全在日人势力控制之下""中国蕴藏的铁矿……百分之九十以上之采取权，完全操诸日人之手"。他大声疾呼："国人早日醒悟，急起图之！"李四光的讲演极受武汉大学学子欢迎，往往场场爆满，座无虚席。

直到武汉大学的10多座建筑全部落成，李四光才卸任武汉大学"建委会"委员长。这些中西合璧、庄重典雅的校舍建筑群，如同镶嵌在一幅绝美的画卷中，与葱茏叠翠的珞珈山麓相映成趣，现已成为国家级重点保护文物。而李四光等人在建校过程中展现出来的艰苦创业、迎难而上的精神，也鼓舞、激励着一代又一代武汉大学人不断开拓进取，奋发图强。

3. 探寻第四纪冰川遗迹

李四光曾经说过:"真理,哪怕只见到一线,我们也不能让它的光辉变得暗淡。"这也是他在科学研究方面一贯坚持的态度,直观体现在我国第四纪冰川研究方面。

第四纪冰川,是地球最新的一个地质年代内大部分地区多次发生的冰川活动总称。中国是否有过第四纪冰川,是研究我国第四纪地质和地貌的关键所在,对于揭示中国地质历史、掌握中国地下矿产资源分布及其蕴藏等也有至关重要的意义。

在地球的发展史上,总共经历了三次冰川运动时期,分别是距今6亿年前的震旦纪冰川期、距今2.5亿年前的石炭－二叠纪冰川期和距今200万年前开始的第四纪冰川期。19世纪以来,德国、美国、法国、瑞典等国的地质学家到中国来勘探矿产,考察地质后,一致认为中国不存在第四纪冰川,主要理由是:中国广大地区于挽近地质时代是一片干冷的沙漠,温度偏低而降雨量较小,不可能发生第四纪冰川。因此,长期以来,中国没有第四纪冰川存在几乎成为定论。

为了还原中国地质历史的真貌,多年来,李四光一直在探究中国地质是否存在第四纪冰川这个重大课题。

1921年春季,李四光带领学生到邢台南部的沙河县（今沙河市）进行野外考察。沙河县位于京汉线上,西面是太行山麓。一天上午,他们横穿沙河盆地向东南行进,远远望见一座外貌圆滑的小山孤立于平地上,从地图上看,这座小山叫沙源岭。走近小山后,李四光发现地面上有一些如小房子大小的大石头,跟他小时候在家乡见过的那块巨石极为相似。

他停了下来,心想:这几块大石头是从附近的大山上滚下来的吗?可是,附近并没有裸露的基岩,也滚不了这么远。那么是洪水的作用吗?可洪水不可能将这么大的石块冲到这么远的地方。这到底是怎么回事?他脑子里突然闪过一个念头:有没有可能是冰川作用?如果是冰川作用的堆积物,那就很可能在积物中找到冰川条痕石。

他把学生们召集到那些大石头跟前,认真观察起来,结果发现在这些石头的磨光面上,果然有一些不太明显的擦痕。而在一块半掩半露的巨石平面上,他们发现有三组不同方向的清晰痕迹。但这些擦痕意味着什么呢,学生们一时都摸不着头脑。

他们继续往前走,越过一条小河,来到一座山神庙附近,又看到巨大的石块。李四光心里的疑团打开了,兴奋地说:"冰川遗迹!这就是第四纪冰川的显示啊!"

学生们一听十分惊讶,不约而同地把目光集中到他身上,其中一个学生抢先问道:"老师,您是说咱们中国也有第四纪冰川吗?"

"没错!"李四光语气坚定地说,"眼前这就是一个有益的启示。"

学生们七嘴八舌地讨论起来,有的说地质史上没有这方面的记录,甚至外国权威科学家已经作出相反的结论;也有的说外国科学家考察范围有限,他们的结论不一定正确。最后,学生们又纷纷看向李四光,想听听他的意见。李四光环视了一圈,很满意学生们的积极探索精神和求知欲,他和蔼地说:"科学研究必须要大胆怀疑、实事求是,坚持真理。没有怀疑就不会有发现,就只能永远跟随别人、循规蹈矩。怀疑是在发现的基础上发生的,发现便是事实;对于事实的思考就为求是,求是就为真理,对于真理一定要坚持。"学生们听了李四光的话,豁然开朗。

可以说,这次考察发现的几块石头正是李四光建立中国第四纪冰川学说的起点。

1921年六七月间,李四光又带领学生来到山西大同盆地进行煤田地质考察。在这次考察中,他又有了新的收获。在大同盆地西南约20公里的口泉附近,他们发现了一条东西走向、长达数公里的山谷,宽度比较均匀,谷身的横切面呈"U"形。山谷里散布着许多片麻岩、玄武岩和火成岩等巨大石块,但谷地及两侧均为砂岩。这些石块显然是来自别的地方,李四光断定这是冰川U谷,并在石块上面发现许多明显的擦痕。

这次发现使李四光更加坚定了自己的想法。1922年1月，他根据这两次观察到的现象，提出个人的探讨意见，写成一篇题为"华北第四纪冰川作用的遗迹"的报道，发表在英国《地质》杂志上。文中指出，地质学家们根据以往的资料，认为整个华北在挽近地质时期沙漠广布，倾向于否定大冰川存在的可能。但是，"任何为了搞清这个问题的尝试，都必须在野外进行"，而不是从理论上争辩。

第四纪冰川是个重大而敏感的话题，李四光这篇带有挑战性的文章使地质学界的学者敏锐地察觉到，李四光是在质疑德国地质学家李希霍芬——柏林大学教授、校长和柏林国际地理学会会长。李希霍芬曾花4年时间在中国进行地质调查，走遍了大半个中国，14个省区，著有《中国》三卷专著，其中并未提及中国有冰川遗迹。中外学者一直将其专著奉为经典，深信不疑。面对李四光的质疑和反驳，人们还是选择相信李希霍芬的观点。

不过，李四光并没有因此灰心丧气，他深知如果没有充分的证据，根本不可能推翻外国学者的定论。所以，他决定先从改变国内地质学界的看法做起。1922年5月26日，在中国地质学会第三次全体会员大会上，李四光又以"中国第四纪冰川作用的证据"为题，作了一次精彩的学术演讲，认为挽近时期的华北曾发育过冰川，证据就是在河北、山西两地发现的冰川遗迹。他的观点得到了丁文江、翁文灏等老一辈地质学家的大力支持。当时，瑞典地质学家安特生也出席了这次大会,他对李四光的演讲报以冷笑,当着李四光的面拂袖而去。安特生作为北洋政府农商部顾问,在中国地质界颇有影响力,中国的一些地质学家紧随安特生之后,也开始冷嘲热讽:"我们多年都没有发现中国有冰川,而李四光教授出去转了转,就发现了……"

中国有无冰川的争论由此开始。李四光深知,要改变科学研究中的成见并不容易,只能用无懈可击的证据来说话。遗憾的是,当时发现的冰川遗迹还太少,无法形成系统的证据,所以很难改变人们的固有看法,而要找到更多遗迹并非易事。有一次去北戴河、秦皇岛旅行,李四光看到一些类似冰川封丘的地形,但附近只有风化残积物,没有确切的冰川堆积。

随后几年,李四光虽然把主要精力放在蜓科鉴定上,但他并没有放弃对冰川遗迹的调查,仍然在思考第四纪冰川的问题。为了掌握更多实地证据,他先后到过长江流域及安徽各地实地调查。

1931 年夏,李四光以北京大学兼职教授的身份,带领学生到江西庐山实习。庐山地理位置特殊,景观丰富独特,以雄、奇、险、秀闻名于世。同时,它还具有中山地貌特征、亚热带气候特征,使得土壤和植被垂直分带明显等特征,是一个很好的自然地理实习地点。

李四光和学生们在这个东西长约 10 公里、南北长约 25 公里的山区,从西南向东北,依序观察各个时期地层的分布和各种构造的穿插情况。他们又下到山麓，审视东西两侧断层造成的峭壁和局部地层转动的现象。此外，他们还分析岩层从中间叠起、周围陷落等块垒式构造的地质成因……

一天，他们登上含鄱岭向东眺望，立即被东西两侧不平常的地形外貌吸引住了。在这海拔900米以上的崇山峻岭之中，溪水经年日久的潺潺流动，山谷应该被冲得十分深峻才对，可是这里却相当平缓。为了弄清这个问题，他们小心翼翼地下到谷底，在泥土里发现了很多大小不一的石块和砾石，这些砾石经过长期风化，表面仍隐约可见模糊的擦痕。

他们继续在各个山坡之间考察，又发现了几涧类似的平底谷。其中，牯岭西谷中的一块巨石引起了他们的兴趣。这块巨石长达四五米，重约万斤，凌空平躺在另一块巨石上。李四光绕着巨石仔细观察，又细看了周围的环境，断定它既不可能从山上崩落下来，也不可能是人力搬运至此。

这里是不是可能经历过冰川呢？眼看要放暑假了，他来不及继续观察研究。李四光让学生们搜集好标本，带回去研究。这一年，由于"九一八"事件爆发，第二年上海又爆发了"一·二八"淞沪抗战，考虑到时局紧张，学校没有安排野外教学任务，李四光便和地质所的喻德渊等人再次来到庐山考察。经过反复观察、实验和论证，他终于给出结论——庐山在第四纪地质时期至少经过两次冰期。

冰期就是地质历史上发生大规模冰川的时期，两冰期之间因气候温暖，冰川消融退缩，称为间冰期。庐山还可能有过第三次冰期。他认为，中国第四纪冰川主要是山谷冰川，即高山常年积雪形成的冰床沿着山谷缓慢下移而逐渐消融。这个结论为以后第四纪冰川的研究工作指明了方向。

　　大自然中的万物不是孤立的，而是相互联系的，要想发现规律，必须弄清它们的来龙去脉。既然在太行山、庐山、九华山、天目山等地均发现有第四纪冰川活动的遗迹，别的山是否也存在此现象而尚未被发现呢？如果把它们联系起来加以认识，就会使事物的本来面目更加清楚，让反对者改变看法。

　　1933年11月11日，李四光在北京地质学会第十次年会上发表了《扬子江流域之第四纪冰期》的学术演讲，但仍然没有得到与会的地质界人士的认可。为了支持李四光的第四纪冰川学说，丁文江、翁文灏设法筹集了2万元，邀请在华的外国地质学者到庐山参加第四纪冰川遗迹讨论会，其中包括瑞典地质学家安特生、美国古气候学家巴尔博、瑞士的诺林、法国的德日进及特茵哈兰等人。李四光作为主讲人，在庐山结合实地情况，再次向其他学者阐明自己的见解。

　　他首先带着大家来到大月山东北角的一个山坳，这个山坳群峰环绕，直径约500米，形状如同一个三方圈闭、一方开口的漏斗，封闭的三个方向是悬崖陡壁，开口下方也是悬崖，崖下堆积着许多巨石，形成倒石堆。很显然，这是一个完整的冰斗。接着，他们一同登上小天池，李四光向众人介绍了小天池下因冰川流动而铲削成的 U 形谷。外国学者惊讶于庐山的奇特地形，但仍然提出很多异议，李四光有理有据地逐一反驳，终于使一些外国学者承认中国是有冰川存在的。在鄱阳湖畔看到石灰岩表面的条痕时，瑞士学者诺林对李四光说："这些现象如果出现在我们国家，毫无疑问就是冰川造成的。"美国学者葛利普也表示这很像他在美国看到的冰川地形。

然而，在积贫积弱的旧中国，外国学者中怀有种族优越感的人比比皆是，总觉得中国科学家低人一等。所以，即使眼前已有大量的事实证据，有的外国学者仍然固执己见，拒不承认。比如巴尔博、德日进便以没有发现冰期生物群化石为由，继续持反对观点。

1936 年 5 月，为了找到更多更有说服力的证据，年近半百的李四光来到安徽黄山。

屹立在我国安徽省南部的黄山，在一亿年前经过几次地壳运动从地面崛起，后又经受第四纪冰川的冲击而形成。大小七十二峰的黄山，是我国著名的风景区，素有"天下第一奇山"之称，云海、异峰、怪石、奇松巧妙地构成一幅千姿百态的天然画卷。但李四光无心观赏黄山美景，他的目光在各种形似与神似、造型巧妙的怪石之间流连。他和学生们在黄山跋山涉水、风餐露宿，凡有冰川遗迹的地

第六章 中国地质先锋

方都留下了他们的足迹。他们爬过朱砂峰，看过桃花溪中的巨石；攀过狮子峰，看过北海的冰斗；越过飞龙峰，看过陡峻山脊上的风化冰川岩石。

在海拔 720 米的慈光寺，他们发现了一处极其明显的冰川 U 形谷，山谷的东壁下部有几条平行排列、不同长度、又深又宽的冰磨条痕，方向大都朝山谷下方微微倾斜，这也表明了冰层移动的方向。

一天，为了了解冰川活动时的岩石风化情况，他们来到始信峰，李四光仰头指着峰顶的岩石说："那些岩石就是冰川的遗迹。"学生们顺着李四光指着的方向抬头望去，只见绝壁危崖如巨神所劈，非常惊奇。

李四光让学生们在山下等着，自己则带着锤子、绳子、木楔，纵身登上陡壁。然而，当他爬到山腰时，发现没有落脚的地方了，于是把木楔打在石缝里，一步一步艰难地向上爬。快到峰顶时，他被一个光滑到连木楔都插不进去的大岩石给挡住了。

"李先生，快下来，太危险了。"学生们在山下着急地喊道，但李四光似乎一点也没有听到，他紧贴在岩石上，观察了周围情形后把绳子往右上方甩去，绳子正好挂在一棵从石缝里长出来的小松树上。他双手攥紧绳子，小心翼翼地一点点往上爬，受到外力的小松树摇晃起来。看到这里，有的学生失声叫起来，有的干脆捂着眼睛不敢再看。几经努力，李四光终于登上岩顶，采集到标本，装进地质包,然后绕道回到山下。学生们纷纷围住李四光,充满敬意地说:"李先生,我们都为您捏了一把汗啊!"

李四光却从容地说:"一个科学工作者,要想有所作为,必须有韧性,并随时做好献身的准备。年轻人更要锻炼这种意志,才有希望在科学上取得成就。"接着,他们继续穿丛林绝径,涉深渊幽谷,考察了北海的神仙洞冰斗遗址。

在野外调查的过程中,李四光和他的学生除了要面临考察中的种种艰险,有时还会遇到其他挫折与绊脚石。

1936年夏,李四光又带着学生来到庐山考察。当时庐山是国民党的政治基地和军事要地之一,蒋介石正在庐山上举办政治训练班和军事训练班,到处岗哨林立,戒备森严。在这种情况下,李四光的考察工作不可避免地受到一些影响。

一天,李四光和学生们在庐山东边的一座小山上考察冰川沉积。当他们描绘冰川分布图时,突然来了几个荷枪实弹的国民党士兵,不由分说就没收了他们的图片和野外记录,并扣留了他们。尽管李四光出示证件进行解释,说他们是地质研究所的工作人员,在这里考察是经过庐山管理局批准的,但对方充耳不闻,态度蛮横。后来经过交涉,他们到后半夜才释放了李四光等人。

在鄱阳湖边的白石嘴、蛤蟆石,李四光师生也发现了明显的冰流擦痕。由于这次庐山考察有了更多发现,也收获了更多标本,李四光决定在白石嘴建一座白石陈列馆,用于陈列冰川条痕石、纹泥、泥砾等冰川遗迹的标本和照片。他还准备成立一个冰川地质的研究机构。然而,没过多久,南京国民党政府声称鄱阳湖是训练海军的地方,要求馆方负责人在两天内搬走陈列馆,否则就炸掉它。当时李四光已经回到北京,许杰、李毓尧前去交涉,但无功而返,陈列馆最终被炸成一片废墟。李四光知道后紧急从北京赶过来,看见的只是一片断瓦残垣,他愤怒郁闷至极,以致好几天茶饭不思。

当然,这些挫折都没有击退李四光。他继续登危岩,探深洞,顶烈日,冒严寒,历尽千辛万苦,走过许多人迹罕至的地方。

有一次,他在鄱阳湖畔看见一处峭壁上有一大块冰川地貌,前期冰川泥砾层被后期冰川泥砾包围着。为了深入观察,他决定爬上去看看,但是冰川泥砾并不结实,很容易崩塌,学生们都劝他说让年轻人去爬。但李四光坚持说:"关于划分冰期的大问题,不仅自己要相信,还要使别人也相信,所以非弄清楚不可。这里地处湖边,洪水一来容易冲垮,不易保留,所以要抓紧时间做好考察工作。"他坚持亲自去看个究竟,学生们苦劝无果,只能胆战心惊看着他艰难地往上攀缘。结果,当李四光爬到很高处时,岩石崩裂,他重重地摔了下来,满身泥污,身上也擦伤了几处,所幸没有伤到筋骨。他缓了口气后,又一次往上攀爬,几经努力，终于到达考察地点。

经过十几年的野外调查，李四光掌握了大量实地证据，终于取得重大成果，先后写出《华北挽近冰川作用的遗迹》《扬子江流域之第四纪冰川》《黄山第四纪冰川流行的确据》《冰期之庐山》等重要论文，向世人证明了中国有冰川的事实。在铁一般的证据面前，地质学界不得不陆续承认他的观点。

李四光用英文写成的《黄山第四纪冰川流行的确据》一文在国外发表后，轰动了国际地质学界。国际联盟派到南京中央大学任教的德国知名冰川学家费斯曼得知李四光在黄山发现了冰川遗迹，两次前往黄山察看冰川遗迹，认为"这是一个翻天覆地的发现"。之后他在中国和德国的杂志上发表《中国第四纪冰川》一文，承认了李四光的这一重大发现。李四光读到费斯曼的文章后，只是淡淡地说："事实毕竟是事实。"

1939年，李四光参加了在莫斯科举行的第17届国际地质会议，并在会上发表了题为"中国震旦纪冰川"的论文，提出在中国元代就存在第四纪冰川的遗迹。

1959年11月12日，第一届全国地层会议开幕。会议期间，李四光带着苏联院士纳里夫金等人来到北京西山隆恩寺，亲自向他们介绍了那里的地层时代、附近的地形地貌，以及基岩冰溜面，还指挥随行人员清理基岩冰溜面，包括破土、冲刷岩面、翻卷粘泥等一系列步骤。在此之前，纳里夫金也不相信中国有第四纪冰川,如今亲眼看到,他心悦诚服地说:"这是确切无疑的冰溜擦痕,不可多得!"回到苏联后,纳里夫金撰文写道:"重要的是,冰川作用的遗迹到处分布在离海平面很低的地方,北京近郊和长江流域南部(庐山)以及中间地区。""对于这样的南纬度地区来说,情况是如此反常,以至于令人怀疑冰川作用是否属实。但是详细地观察了擦面及覆盖在它上面的冰碛泥的露头以后,人们对它们的冰川成因深信无疑。"李四光看到这篇文章后,笑着说:"这个老头真有意思,要么不信,要么一下子全信了。真不愧是一位灾变论的学者。"

1960年3月,中国第四纪冰川研究工作中心联络组正式成立,组长为李四光,副组长为朱效成、杨钟健、侯德封、孙殿卿。从此,中国第四纪冰川的研究在全国范围内有了自己的专业组织。

4. 独创中国地质学

1934年12月,李四光接到英国剑桥、伯明翰等大学的讲学邀请。此时他对蒋介石政府已经多有不满,心绪不佳,而且他的学术成果不仅屡遭西方部分地质学家的否定,连国内同行也在压制他,使他的论文难以发表,为此他曾感慨:"中国这样大,却无我的容身之地。"所以,当收到英国方面的讲学邀请时,他欣然接受。

12月上旬,李四光一家三口从上海搭乘意大利客轮,踏上访英的旅程。

光阴似箭,距离上次去英国求学已过去二十余年光景。遥想当年,李四光还是个求知若渴的青年,到异国他乡学习救国知识,如今他两鬓染霜,成了出国讲学的教授,并享有崇高的声望。

这次讲学,时间比较充裕,李四光决定讲中国地质,介绍中国的地质全貌以及地质科学的现实与未来,让世界了解中国。拿定主意后,他让学生张文佑帮忙搜集材料、编绘图表,开始撰写讲稿。

一般讲中国地质,往往从介绍中国地理开始,而介绍中国地理,又是从东部平原开始。但在航行中,李四光想起某些西方学者对中国地质科学那种目中无人、骄傲蛮横的态度;想起近百年来列强瓜分中国的狰狞面目;想到少数西方人对于西藏的错误认识……他决定以青藏高原开篇,让世界了解中国的西藏。他写道:"在讨论地质问题之前,必须一述中国地理的梗概。""由现存的地势来讲,中国拥有东亚大部陆地,作半圆状,围绕着伟大的青藏高原,即所谓'世界屋顶',它好像楼梯,向着太平洋海岸一级比一级降低……"他明确指出,青藏高原是中国自然区的有机组成部分,同时论述了青藏高原在地质和地理学上的意义。

第六章 中国地质先锋

他在授课中还联系到1913年至1914年的"中英藏西姆拉会谈",戳穿了英国拉拢西藏分裂分子妄图独立的阴谋,这时,在场的人才明白他的真正用意——原来他是要告诉世人,西藏是中国的。

除了全面系统地阐述中国的地质状貌外,李四光还穿插讲解自己研究的新成果,如中国第四纪冰川的遗迹、几种地壳构造体系等,并进一步指出自己对地壳运动变迁的最新研究心得。经过长期研究,他已明确了造成地壳运动变迁的主要原因,是由于地球自转的速度在漫长的地质年代中发生了时快时慢的变化。

李四光在英国近10所大学进行了为期半年的讲学,他那纯熟、标准的英语,独特的研究视角,让听众倾倒,每一次都座无虚席,就连走廊里也挤满了听讲的人。下课后,一群人围着李四光,或虚心请教,或提出质疑,李四光不卑不亢、很有分寸地进行解答。

讲学期间,李四光与英国地质学界人士交流讨论了很多学术问题,并与伯明翰大学的新老校友会面,有时还一同旅游。在伯明翰大学威尔士教授的邀请下,他还到威尔士的实验室做试验,他们制作了一个铅质空心的球体,在上面涂一层薄蜡,用来测试地球自转速度变化引起的地壳运动。

讲学结束后,英国方面盛情挽留李四光,希望他在英国多停留一段时间,将讲稿整理成书,付印出版。英国的盛情邀请和浓郁的学术气氛，深深感动了李四光，他决定在英国再住一年。这样不仅有利于著作的出版，他还可以和海外学者进一步交流学术观点，了解更多的学术前沿信息。

伦敦的房租很贵，而讲学费用又只够一个人半年的花费，李四光一家不得不省吃俭用。他们先在伦敦的贫民区租了两间房子，后来因无力支付房租，李四光只得向同乡同学、中国驻英大使郭泰祺求助。在他的安排下，李四光一家暂时住进了中国驻英大使馆的三层顶楼里。在这一年间，李四光每天奋笔疾书，并自己独力完成了打印、拍照、贴图、校对等工作，于1936年初春写完了《中国地质学》一书。

回国之前，李四光决定利用这个难得的机会，绕道美国，借此考察北美洲的地质状况。临行前，他把《中国地质学》的书稿交给一位英国朋友，请他帮忙办理出版事宜。随后，他带着妻子和女儿登上了开往纽约的轮船。到达美国时，正在美国留学的朱森和吴半农一起到码头迎接李四光。

朱森是李四光的得意门生之一，受李四光教益颇深。而对吴半农来说，李四光对他则有知遇之恩。所以，他们一听说李四光途经纽约，便特地从哥伦比亚赶来迎接。师生在异国相聚，机会难得，因而格外珍视。已经34岁的朱森兴奋不已，陪着老师一家走遍了纽约的大街小巷，将他

第六章　中国地质先锋

们照顾得无微不至。不过，李四光对繁华的都市兴趣不大，而更想去野外看看。4天后，他们告别朱森和吴半农，登上了横穿美国的西行列车，开始在美国的漫游。

美国幅员广阔、物产丰富，北接加拿大，南面是墨西哥和墨西哥湾，东濒大西洋，西临太平洋，南北长2560公里，东西宽4880公里，地形变化多端，地势西高东低，大部分地区属于大陆性气候，南部属亚热带气候，主要山脉均为南北走向，与中国的地势有很大不同。李四光认为，这是观察"山"字形地质构造的一个绝佳机会。

基于考察地质的目的，李四光一家三口选择乘坐慢车，旅程漫长而劳累，但李四光却兴致勃勃，逢山下车。许淑彬母女了解他的事业心，只能试着去"享受"这次旅行。有时李四光下车后便急着去考察山脉，一直忙到天快黑才去找旅馆住宿，这时往往找不到像样的地方，只能在乡村板房凑合住下。这样的将就让许淑彬心情郁闷，李四光理解妻女作为非地质工作者在这次行程中受了不少罪，而且毫无乐趣可言，但他的态度仍然很坚决：来一次美国不容易，怎能不利用这个机会好好观察美国的地质情况呢？

在兰岭山区，他看到了寒武纪以前的岩层、地层及其呈现的状貌，认为当地很可能存在一个古老的"山"字形构造。在俄克拉荷马州，他考察了当地的岩层和石油勘探及开采情况，进而结合中国的地形思考石油资源分布与蕴藏的情况。在阿巴拉契亚山脉，他看到了古老的花岗岩经过多年风化而显现出来的奇形怪状。在气候干燥、树木稀少的科罗拉多高原，他看到了高原地面平缓，边缘却峭壁千仞的独特景象，并由此联想到中国的西北高原和新疆的广袤沙漠。

经过两个多星期的跋涉，他们来到美国西岸的洛杉矶，从这里登船横渡太平洋返回中国。

三年后，也就是1939年，李四光的著作《中国地质学》在伦敦正式出版，这是第一部由中国人撰写的中国地质学专著，在国际地质学界引起很大反响，后来又被翻译成多种语言出版。英国皇家学会会员、国际著名科学史专家李约瑟教授评价道："很幸运，在中国大地构造这方面，最卓越的地质学家之一李四光为我们提供了第一部内容丰富的著作——《中国地质学》。"

第七章　战乱中无畏前行

李四光深知军阀割据、战乱连绵给中国人民带来的苦难,更憎恨列强对中国的侵犯和瓜分。他认为,祖国的强大离不开科学技术的进步,民族的振兴更离不开科学与民主的精神。作为一位科学家,他坚信科学技术是人类文明和社会进步的巨大推动力,无论身在哪里、处境如何,他始终在崎岖的科学道路上砥砺前行、持续奋斗。

1. 铁骨铮铮的学者

李四光一生经历过中国社会的几次大变革,"科学救国"的理想几度破灭。他初到北京大学不久,因为"直系"冯国璋、"奉系"张作霖、"皖系"段祺瑞三大军阀争权夺利,国家的科学事业被他们弃置一旁,教育经费没了着落,北京大学教职工的薪水也不能按时发放。蔡元培无奈,只得出国筹措经费,迟迟未归。教授们拿不到薪水,生活难以为继,北京大学教授、中国共产党创始人之一李大钊率领北京八所高校教师组成的"索薪团"向政府索要欠饷,却无济于事,李大钊还因此被军警打伤了头。无奈之下,李四光与丁燮林、王世杰等人于1920年8月向北京大学递交了辞呈。恰在这时,蔡元培回国,在他的真诚挽留下,李四光等人撤回辞呈。

第七章　战乱中无畏前行

此后几年,三大派系军阀争战不息,轮番控制北京,导致中国政局动荡不安。1926年4月,张作霖的"奉系"军阀在北京成立安国军政府,开始通缉李大钊等共产党人。

1927年4月28日,李大钊被"奉系"军阀张作霖残忍杀害,年仅38岁。李四光听说这个消息后,悲痛不已。他与李大钊在北京大学共事多年,十分欣赏李大钊的学识和人格,认为李大钊是一位意志坚定、具有"铁肩担道义"伟大精神的革命者,也是一位学识渊博、勇于开拓的著名学者。经过这一事件,李四光对"奉系"军阀恨之入骨。

同年6月,张作霖自称大元帅,指派刘哲为教育总长,取消北京大学,同时将北京的九所国立大专学校合并为京师大学校。

李大钊遇害后,由于当局的迫害,加上时局混乱、变化无常,他的遗骨一直无法下葬,停放在北京宣武门外妙光阁浙祠内。1933年4月,北大师生为李大钊举行了公葬,使李大钊在牺牲6年后,终于入土为安。

当时李四光正在南京,无法亲自回校参加李大钊的送葬仪式,囊中羞涩的他毫不犹豫地寄给北京大学一笔奠仪,以示对这一义举的支持。后来,为缅怀亡友和激励自己,他还特地定制了一个较大的铜质墨盒,盒盖上刻着10个大字——"铁肩担道义,妙手著文章",以此作为自己的座右铭。此后,这个墨盒跟随了他几十年,总是摆放在他的办公桌上,借以"如对斯人"。

两个月后,也就是1933年6月,地质研究所正打算乔迁,突然传来噩耗——中央研究院总干事杨铨在上海亚尔培路惨遭国民党特务杀害。

杨铨是同盟会会员,也是蔡元培的得力助手。他的工作与李四光息息相关,那些年里,李四光致力于学术研究,杨铨则帮助他管理诸多事务,地质研究所建在鸡鸣寺的办公楼便是由他批准建造。在李四光眼中,杨铨是一位有学识、有胆略、有血性的爱国人士。这几年,杨铨积极参加爱国民主运动,中国民权保障同盟于1932年冬成立后,他兼任总干事。蒋介石极其痛恨这个爱国组织,但又碍于宋庆龄、蔡元培、鲁迅等人的崇高声望而不敢有所动作,于是就把火力集中到杨铨身上。李四光一度担心杨铨的人身安全,因为杨铨曾说他收到国民党特务的恐吓信,部分信中甚至装有子弹。但杨铨已将生命置之度外,因而从容应对,依旧致力于爱国民主运动,这使蒋介石恼羞成怒,下定了除掉杨铨的决心。6月18日,杨铨与儿子杨小佛驾车外出,被国民党特务枪杀于上海亚尔培路。

惨案发生后,蔡元培给李四光发来急电,请他速到上海,准备召开杨铨追悼会。李四光心中了然此次上海之行可能遭遇不测,但他义无反顾,告别妻女后马上启程。6

月 20 日下午，杨铨追悼会在上海万国殡仪馆举行，宋庆龄、鲁迅、交通大学校长黎照寰、清华大学理学院长叶企孙等都前来吊唁。

追悼会结束后，李四光又去医院探望了杨铨年仅 14 岁的儿子杨小佛。杨小佛在父亲的保护下虽然逃过一劫，但也受了重伤和惊吓，正在医院治疗。

回到南京，李四光的心情久久难以平静。关注中华民族前途和命运的强烈情感，以及南京政府对爱国人士的残酷迫害，使他渐渐站到了南京政府的对立面。他想到孙中山先生的教诲和"三民主义"的真谛，再反观蒋介石的"四一二"反革命政变以及日寇侵占东北时国民党的消极抗日政策，他进一步看清这个腐朽政权的真实面目。

他痛恨国民党对自己同胞的这种暴行，为了纪念杨铨这位不幸的牺牲者，他决定把自己最近确认的一个蜓科新属命名为"杨铨科"。在国际上，科学家的新发明、新发现都可以用科学家自己或其尊重者的名字来命名，以此纪念他们对人类科学进步的贡献。李四光在论文中愤然提笔写道：杨铨先生的惨死，凡是为科学事业忠心服务的人，都不能不为此种令人沮丧的境遇而感到痛心！借此，他向全世界宣告：各国古生物学者们，只要你们查索蜓科化石的谱系，都将看到在被黑暗笼罩着的 30 年代的中国，曾有一位热心为科学事业服务的人被杀害了！光荣将属于被害者！耻辱永远是属于刽子手的！正和"杨铨科"谱系一样，这个永恒的抗议会存在几百年、几千年、几万年，以至于永远的将来都不能磨灭掉。

1942年，李四光又遇到一件令他愤慨不已的事情。这年7月，李四光的得意门生朱森从野外考察回来后，胃病旧疾发作，住进了医院。当时教授每月"优待"平价米5斗，朱森本来在重庆大学任教，因中央大学地质系主任辞职，他受聘接任该职，之后同时在重庆大学和中央大学两校兼课。上任不久，他带领学生去野外实习，这时中央大学、重庆大学都给他家送去了一个月的平价米。他的夫人不知道具体情况，导致两边重复领取。这件事被别有用心的人告到了教育部与粮食部，诬指朱森重复冒领平价米。教育部长陈立夫在没有深入调查了解的情况下，下令给朱森记大过一次。朱森一生清廉、性格刚直，将此视为奇耻大辱，悲愤之下，胃溃疡急剧恶化，不治身亡，年仅41岁。

这件事在重庆学术界引起了轰动，人们纷纷抗议教育部的草率行为，悼念朱森。作为朱森的老师，李四光对朱森之死更是深感哀痛与惋惜，他在桂林对新闻记者发表讲话说："自朱先生死后，从陪都到桂林，社会上渐有一种议论，或者流言，直接间接影射朱先生之死，与教授生活待遇有关。……做地质工作的人,本来准备接受饿死、热死、跌死、打死、咬死、累死,尤其是这个时候,有什么说头?不过要说是气死,则国家无谓的牺牲未免太大。死了还要受气,更是太不成话。"李四光言谈中多次提到的"死",深刻体现了李四光的愤怒与刚直的知识分子在国民党统治下的悲惨遭遇。

同年8月,李四光在《中国地质学会志》上发表了一篇文章《朱森蜓,蜓科之一新属》。文中写道:"这个新属名,是为纪念已故的朱森教授而命名的,特别是为纪念他在中国地质学上的重要贡献。"直到该年年底,李四光对于朱森之死仍耿耿于怀,写下了《悼子元》一诗:

> 崎岖五岭路,嗟君从我游。
> 峰壑隐复见,环绕湘水头。
> 风云忽变色,瘴疠蒙金瓯。
> 山兮复何在,石迹耿千秋。

这些诗句中,有李四光对学生朱森在挫折艰辛中坚持实地考察的回忆,有师生共见的峰峦沟壑之景色,也有指控当局罪行的意象隐喻,诗句有限而情意无尽,表达了李四光对朱森的深切怀念之情以及对反动势力的切齿痛恨。

2. 威武不能屈

1936年,"西安事变"的和平解决,使全国人民看到了团结抗日的希望。李四光从报纸上读到消息后,平静地说:"共产党有远见,中国大有希望。"不过,他内心也有一丝隐忧,毕竟蒋介石一心只想打内战,"九一八"事变后,他长期奉行"攘外必先安内"的政策就是为了消灭中国共产党,要想真正实现国共合作并非易事。

1937年6月,在全国人民强烈要求"停止内战,一致抗日"的巨大压力下,蒋介石和国民党副总裁、行政院院长汪精卫为了做好抗日与民主的表面文章,邀请了一些大学教授及各界领袖前往庐山谈话,让他们提出"对政治、经济、教育方面的意见"。李四光也在受邀之列,而且蒋介石还亲自点了他的名。当时日军刚刚制造"卢沟桥事变",全国上下同仇敌忾,群情激愤,在如此重要的时刻,李四光决定进言,希望国民党能奋起抗日。

7月初抵达庐山后,李四光决定先找"老朋友"汪精卫探探口风。他和汪精卫在日本留学和孙中山组建南京临时政府期间便已相识,并有多次往来,双方还算熟悉。因此,他来到汪精卫的办公室后,省去寒暄的虚礼,开门见山分析了目前国内外的形势,然后表明自己的意见——坚决抗日。他慷慨激昂地说:"打,一定要打!现在不打,别无出路!"

但汪精卫却顾左右而言他,大讲歪理斜理,李四光越听越气愤,针锋相对与他辩论起来。汪精卫立论不稳,自然辩不过李四光,最后恼羞成怒吼道:"你一个书呆子,懂什么?"

李四光一听火冒三丈,拍案而起,临走前他掷地有声地说:"那就让事实来证明谁说得对吧!"然后头也不回地走了。

从汪精卫的办公室出来后,李四光直接来到交庐精舍。交庐精舍由他的好友李一平创办。李一平原本在云南省主席龙云手下做事,眼见军阀混战、政局动荡日益加剧,他深感自己无回天之力,于1930年告别仕途,不远万里来到庐山,创办了交庐精舍学堂,以实现自己"教育救国"的心愿。学堂主要接收贫家子弟入学,学费全免。李四光的女儿也在这里上学。

李一平见李四光一脸怒气地走进来,不知道发生了什么事,正要询问,李四光却很气愤地说:"此人可杀!"说完,他把自己与汪精卫的谈话告诉李一平。李一平无奈地说:"指望蒋、汪之流团结抗战,根本不可能!"

这次与汪精卫的谈话,使李四光再次看清了汪、蒋的政治嘴脸,决心以后不再跟他们打交道。他意识到以汪精卫对待自己的态度,足可见国民政府对此次谈话并非出自真心实意,因而也没有必要去参加所谓的座谈会,反正自己的意见不可能被采纳。

7月16日,蒋介石和汪精卫在庐山牯岭图书馆举行首次谈话会,并设宴招待与会人员。李四光借故缺席,当时知识界还没有人敢拒绝出席蒋委员长的宴会,幸好蒋介石没有追究。

抗战期间,李四光通常每年都去重庆参加中央研究院的院务会议。蒋介石想借机拉拢知识界精英,便趁每次院务会议结束后,以委员长的名义举行隆重宴会,并特意嘱咐手下人把李四光的座位安排在自己身边。但李四光每次都借故不参加宴请,有时不得不连夜离开重庆。回避的次数一多,蒋介石也有所察觉,有一次,蒋介石见身边的座位一直空着,便问地质界先驱翁文灏:"李四光先生怎么还没来?"

为了保护李四光,翁文灏不得不尽力遮掩:"听说他受了风寒,正发高烧呢!"蒋介石将信将疑,又问了旁边另一个人,结果得到同样的回答,这才作罢。

李四光后来回忆此事,不无感动地说:"翁公救了我一条命啊!"

无论是想让李四光"为己所用",还是为了笼络人心、装点门面，蒋介石都必须把李四光牢牢控制在国民党一方。1940年前后，为了利用李四光在国内外的声望，蒋介石先后邀请李四光出任中央大学校长、国民政府教育部长，并代表国民政府与印度会谈……但李四光一概拒绝，他坚称自己要站在科研第一线，不愿担任校长的行政职务；天生不具外交才能，只会跟石头为伍。这种消极应对的"不合作"态度使蒋介石的忍耐到达极限，一度扬言要杀掉不听话的李四光，李四光闻知不妙，在偏僻地区避祸好长一段时间。

出乎李四光意料的是，他的好友王世杰竟然接受了蒋介石的聘任，由大学教授摇身一变成为国民政府的教育部长，步入他人生中"最辉煌的时期"。

想到自己与好友在政治上分道扬镳，李四光颇为感慨。早年间，自己和王世杰都在湖北军政府任职，因为不甘心为袁世凯政权做事，相继辞职前往英国留学，两人在异国他乡互帮互助，后来又一起回国到北京大学任教。可以说，他们的关系不是兄弟胜似兄弟。李四光和许淑彬结婚时，婚礼便是由王世杰主持。

许淑彬听说这件事后，斥责王世杰是贪功好利之徒，不愿与他继续来往。李四光则表示："眼下兵荒马乱、饥寒交迫，世杰只是耐不住学者的清贫而已。人各有志，勉强不得，但愿他不至于成为蒋介石的马前卒！"

由于多年结下的深厚友谊，王世杰在担任教育部长后，仍然经常到李四光家里做客，在工作上也给予李四光很大的支持。李四光对此深表感激，不过生活上却不愿接受王世杰的帮助。

3. 善人者，人亦善之

李四光天性善良，而且出身贫苦，对于劳苦大众有天然的同情心，所以他总是力所能及地帮助那些贫苦百姓或陷入困境的人。

在担任地质研究所所长期间，他多次带领地质队伍风尘仆仆地奔赴庐山考察，看到那些为了微薄收入而出卖力气的劳工，他的内心充满同情。他亲眼看到，很多十几岁的孩子受雇于旅社、饭店、商店，从山下往山上背送煤炭，往返一次的工钱只有四五角钱。为了谋生，他们不仅荒废了学业，而且收入甚微，难以糊口。他对抬着游客上下山的轿夫更是同情，所以无论是去庐山考察地质还是陪同亲友游览观光，他都拒绝坐轿。面对别人的劝说，他总是说："大家一样是人，我怎么能自己坐着让人家抬呢？"

许淑彬很理解李四光的菩萨心肠，但是她认为，这些轿夫就是靠抬轿挣钱谋生，如果游人都不坐轿，他们的日

第七章 战乱中无畏前行

子会更难过。李四光听了沉默不语,心里很不好受。这以后,他偶尔也雇轿上下山,但只是在轿里放几块采集的岩石标本,他自己则坚持步行。

有一次,丁绪贤教授的夫人来看望李四光夫妇,三人一起上庐山游玩,李四光雇了3顶轿子,让两位夫人坐轿子,他自己的轿子则空着。许淑彬张罗了几次,他都坚持步行上山,说这样可以一边走一边观察地质地貌。下山的时候,他也没有坐轿,只是把采集的岩石标本放在轿子里。

"九一八"事变后,东北军官兵和百姓被迫流亡关内,他们悲苦怨愤,却无处排解。当时在北方,流行着一首由张寒晖创作、描写东北人民流亡惨状的抗日歌曲《松花江上》,这首歌曲让李四光心碎。重返北京大学授课后,他发现有几名东北籍流亡学生因经济来源断绝,生活陷入了困境,于是主动给予资助。得到资助的学生无不感动得热泪盈眶。

作为一个古道热肠、关心学生成长的师长,李四光总是像及时雨一样向遇到困难的学生伸出援助之手。

1928年3月,李四光在上海大街上遇见学生喻德渊。喻德渊因为联络和参加北京长辛店铁路工人罢工,受到"奉系"军阀的追捕,从北京大学逃到上海避难。在举目无亲、无处立足之际,李四光介绍他到地质研究所工作,初任磨片工,并担任研究助理。后来,经李四光推荐,喻德渊返回北京大学地质系完成学业,毕业后又回到地质研究所工作,历任助理研究员、副研究员、专任研究员,在岩浆岩、区域地质、矿产资源的调查研究方面做出卓越的贡献。

许杰也是受到李四光大力帮助的学生之一。提及他们师生的相遇,还颇有几分戏剧色彩,因为许杰是在上海大街上熙熙攘攘的人群中通过背影认出李四光的。原来,李四光在教学中对学生说,脚步是户外测量土地、计算岩石的尺子,迈出的每一步距离都要相等,并且要牢记每一步的步长。对此他以身作则,走路不紧不慢,步子大小相等,每迈一步就是 0.85 米。无论何时何地,他走路都像在度量脚下的距离。时间长了,学生们通过走路的模样就能认出他来。

遇到李四光时,许杰正处于失业状态。他在校时热衷于参加爱国学生运动,渴望投身更火热的战斗中去,因此毕业后他婉拒了政府部门的聘任,回到安徽老家从事革命活动。不料,事与愿违,大革命失败,他开始辗转颠簸,最终因无事可做而流落街头。

望着衣衫褴褛、一脸憔悴的许杰,李四光满是心疼。"李先生,我……"许杰哽咽了,剩下的千言万语都化作滚滚热泪顺着脸颊流下来。李四光略一沉吟,说:"眼下最重要的是解决生计问题,你先到所里来工作吧,好好干。"许杰听了再次流下热泪,向李四光深深鞠了一躬。

之后,许杰进入中央研究院地质研究所任助理研究员,致力于地质矿产调查和地质研究事业。李四光亲自指导他开展研究工作,并鼓励他在工作中善于发现、勤于思考。后来,许杰成为我国著名地质学家、中国笔石学和笔石地层学的奠基人。

1937年秋,上海、北平、天津等大城市相继沦陷,中央研究院院长朱家骅下令将庐山的地质研究院搬迁到西南,而李四光打算搬到桂林去。他让人打包了一些重要的图书资料、标本仪器,并找来搬运船只。长江里到处是船,顺风时,小船挂帆而行,十分轻松,但逆风时行进就比较困难,有时需要船夫到岸上拉纤。时值11月份,天气阴冷,寒风凛冽。李四光看见瘦骨嶙峋的船夫们倾着身子拉纤,大汗淋漓,内心十分不忍,于是也挽起裤腿,脱掉鞋袜,准备下船和船夫们一起拉纤。许淑彬见状连忙劝阻他:"你身体不好,又不得要领,哪里拉得动?"李四光却说:"我虽然使不上多大劲,但坐在船上袖手旁观,心里实在愧疚得很。"许淑彬听罢,不好再执意拦阻,只细心叮嘱"仔细脚下"的话。学生们见状,也纷纷效仿。大家踏着号子的节奏,手攀岩石,脚蹬黄沙,艰难地拉着纤绳,一步步向前行进。人多力量大,逆风中木船的速度加快了,李四光师生和船夫们才从冰冷的水中上船。船夫纷纷近前致谢，李四光只是摆摆手，示意不必客气，随后便和船夫聊起了家常。

到达桂林后不久，李四光在北京大学的学生孙殿卿失魂落魄地找上门来。在李四光关切的询问下，孙殿卿将自己的遭遇详细道来。原来，几个月前，他和同事们正在湖南宁乡调查煤田地质，因为日军南侵，被迫转移。他听说地质研究所搬到了桂林，便辗转来到这里，希望谋得一份差事。李四光一时有些为难，因为地质研究所当时也是泥菩萨过河——自身难保，为了渡过难关，他已经将所里的一些技术人员外调其他研究机构和学校，这样，外调人员的薪资便由借调单位发给，从而减轻地质研究所的负担。孙殿卿了解到所里的情况后，十分理解李四光的处境，只好心情低落地离开。没想到就在他拜访李四光的第三天，他的临时住处遭到日机空袭，所幸人没有受伤，只是行李都被炸毁。李四光听到消息后，决定安排孙殿卿留在桂林工作。孙殿卿为此感激终生，后来他一直追随在李四光身边，随李四光前往广西、湖北、湖南等地做地质考察研究，直到李四光去世，30 余年间两人结下了深厚的情谊。

4. 抗战中辗转流离

1937年8月,由于日本侵略军步步紧逼,华北、华东大片领土接连沦陷,地质研究所在南京的办公地被南京防空司令部征用,限期搬出。危难之际,全所被迫迁至庐山。他们连续几天不眠不休,打包了部分仪器、标本和书籍等较重要的物品,租了几只帆船运到庐山。由于时间仓促,他们被迫放弃了一些设备和标本。

到达庐山后,李四光在芦林购买了一所小房子,一家三口省吃俭用,度过一段平静日子。这段时间,李四光常常脚踏草鞋,身背工具包,带着助手马振图、侄子李淑唐四处考察。当时只有庐山北面有一条登山道路,但这对需要全面考察庐山冰川地形的李四光一行来说,显然是不够的。所以他们常常冒着生命危险,在陡峭的山壁上艰难攀爬。他们每天早出晚归,不辞辛苦地观察地形、发掘岩石、采集标本、分析鉴定、对比研究……这段时间,他穿坏的草鞋数不清,而他的研究工作也取得了实质性的进展。他完成了学术专著《冰期之庐山》,全面论述了庐山的第四纪冰川遗迹,划分了冰期与间冰期,并将之与阿尔卑斯地区进行对比,为我国第四纪冰川地质的研究奠定了坚实基础。然而受抗日战争影响，这本书直到 1947 年才以中英文同时出版。

1937 年冬，国民党军队在正面战场节节败退：上海失守，继而南京沦陷，武汉、广州也危机四伏。国民党政府仓皇逃往重庆。此时地质研究所搬到庐山仅三个月，又不得不再次迁移。当时的中央研究院院长朱家骅要求各研究所也迁往重庆，否则将停发经费，但搬迁之事需自行解决。李四光与社会研究所所长陶孟和、物理研究所所长丁燮林等人都是进步学者，一向反对蒋介石的不抵抗政策。他们一起商量搬迁之地，李四光认为国民党"桂系"与蒋介石存在内部矛盾，如果迁到广西桂林，说不定能借此摆脱蒋介石的控制。所以，他表态："我们决不跟蒋介石走，不如南迁到广西去。"其他人都赞成他的意见。于是，他们回复朱家骅，广西交通闭塞、文化落后，将若干学术机关迁过去有利于广西的文化发展。

但是从庐山到桂林，交通十分不便，搬迁难度远大于从南京迁到庐山。如果走陆路，地质研究所仪器繁多，运输费用甚巨，也不安全。李四光最终决定走水路，但当时大量车船被政府征用，官僚富商为了避难也纷纷向内地转移，想要找船难于登天。幸好李四光有个学生在九江经商，得知老师有困难后，他四处奔走，终于找到两条木船。当然，两条木船不可能装下全所人员和地质资料，李四光只得挑出必需和重要的仪器书籍带走,其余物资暂时寄放在庐山。

一路上,他们饱受磨难。船在江西九江靠岸时,一群国民党士兵涌上前来,要强行将船征为军用。李四光挺身而出,厉声说道:"这是中央研究院往后方搬家的船,你们不能抢占!"但对方充耳不闻,他只好上岸交涉:"如今国难当头,日本侵略者已经包围了南京,我们科学研究机关被逼无奈往后方撤退。你们是拿枪杆的军队,理应枪口朝外,对着日本侵略者,保护老百姓。可现在你们竟拿枪对着自己的同胞,良心何在?况且,船上载的都是公家物资,出了差错,重庆那边追问下来,谁负责任呢?"士兵们被李四光一番正义凛然的话语震慑得一时不知如何是好。李四光乘机向船工们打手势,赶快拔锚起航。

李四光把地质研究所迁到广西桂林后,发现桂林也不再平静,因为随着难民及各地机关团体的大量涌入,日军飞机便开始对桂林狂轰滥炸。

在这艰苦的岁月里,李四光和家人在桂林度过将近7个春秋。其间,他始终坚持以科学为使命,以事业为己任,把桂林当成科研阵地,留下闪光的业绩。

当时,国民党"桂系"要员李宗仁、白崇禧、黄旭初等人也在桂林,他们听说过李四光拒绝与蒋介石合作的事迹,认为李四光是他们的知心者,因而有意拉拢。但经过一次次惨痛教训，李四光对这些军阀政客已经彻底失望，不愿与之为伍，所以他一到桂林便断然回绝了他们所谓的"帮助"，宁可生活困难一些，也不愿充当他们的政治工具。他平时爱抽烟，但战时香烟供应极其紧张，他只能抽当地人用草纸做的土烟；衣服则用当地的土布裁制，即使穿破了也舍不得扔掉。一天，广西省政府主席黄旭初来看望李四光，谈话时发现李四光总把一只手放在裤腿上一个固定的地方，虽然姿势很别扭，但他却不肯放下来。黄旭初关切地问他怎么回事，李四光略显尴尬地笑了笑，移开手，黄旭初这才知道他是为了挡住裤子上的一个破洞。

刚到桂林时，因为房舍紧缺，地质研究所只能暂时与物理研究所挤在一座破旧的两层小楼里。小楼已是危房，后来又被日机炸毁了一半，李四光无奈，只得再次安排地质研究所搬家。1938年6月，他在市内的乐群路四会街租了一个小院，虽然破旧不堪，但至少有了独立的办公场所。

地质研究所搬来后，李四光和其他人员一起清理了院子里的杂草，然后又加盖了两排木板屋作为办公室和宿舍，原有的房间则作为研究室、资料室和实验室。院门上除了地质研究所的牌子，还挂上一个大红灯笼，上面写着四个醒目的大字——抗战到底。

在这期间，地质研究所的经费少得可怜，无法开展重要的实验项目，不过，他们仍然尽己所能，协助广西找到多处煤田，为当地民用、工业用煤做出很大贡献。这些调查项目都是与广西建设厅合作，这样一来，调查费用有了着落，科研经费困难的问题得到缓解。其间，李四光在地质科研方面也取得相当的成就，包括建立广西"山"字形构造体系，并对桂北及大瑶山地区的第四纪冰川遗迹进行详细考察。

正如李四光在建议将研究所迁至桂林时所说，他也很关心广西的经济、文化建设和发展。在担任广西建设研究会的特邀研究员后，他积极出席各种学术会议，发表了《建设广西的几个基本问题之商榷》等文章，受到广西政界、经济界和科教界的好评。

这次在桂林，李四光有幸与多年不见的老同学、广西大学校长马君武重逢，并共同促进了桂林科学实验馆的创立。早在1931年"九一八"事变后，李四光便与时任广西大学校长的马君武商量，打算在广西大学设立科学实验馆，招纳技术人才，研究战时必需的物资器材。然而，事情还未理出头绪，"卢沟桥事变"爆发，此事只能暂时搁置。这次李四光率地质研究所来桂林避乱，正好将此事付诸实施。马君武也积极响应，于是两人前去游说广西省主席黄旭初，并得到黄旭初的大力支持。在各方的共同努力下，1938年秋，桂林科学实验馆正式成立，李四光出任馆长。

桂林科学实验馆与广西大学仅隔一条马路，因而广西大学"近水楼台先得月"，直接受益。应马君武的邀请，李四光每周给广西大学数理系物理组的学生上两个小时的地质力学课,受到学生们的欢迎,每次讲课,大教室总是挤得水泄不通。遗憾的是,在广西省政府通过科学实验馆组织大纲后一周,马君武便因胃穿孔不幸病逝。李四光闻讯深感悲痛,提笔撰写了悼念马君武的文章:"将近40年来的旧事,和着眼泪在脑海中翻来覆去,既不能忘,不如借此机会付诸笔墨……"

在桂林,李四光还偶然结识了新闻记者范长江。范长江是广西建设研究会的一位研究员,也是一名中国共产党党员。在交往中,他向李四光详细介绍了陕北延安军民团结、抗日救亡的事迹,以及周恩来代表共产党促进和平解决"西安事变"的经过。听完介绍,李四光对共产党有了一定了解,由衷地敬佩共产党人的博大胸怀和崇高使命。

在四会街住了两年后,李四光一家搬到了位于良丰的科学实验馆,条件有了一些改善。但生活仍然困难,为了自给自足,他们自己种菜、养鸡、磨豆腐、做衣服。在工作中,李四光从来不搞特殊化,每次外出考察,他的经费虽然稍多一些,但他总是和同事们同吃同住。

但是,平静的日子没有持续多久,李四光得到消息说蒋介石因为他一再拒绝任命,将派人来抓他。李四光无奈,只得装作要去野外考察的样子,拉上装备,躲到一个偏僻的村庄——清平乡。这里交通和电信条件都很差,好在未经敌机轰炸,环境幽美,是个藏身的好地方,正好安心写论文。李四光在这里隐居了3年，先后完成《二十年经验之回顾》及与地质力学紧密相关的《"山"字型构造之实践和理论研究》等著名论文。

1944年春季，日本侵略军兵分两路，大举向广西进犯。桂林岌岌可危，人们纷纷逃离，向相对安全的贵阳、重庆转移。李四光打算将地质研究所迁往贵阳。从桂林到贵阳，路途遥远，虽然有黔桂铁路，但不能直达贵阳，在独山下火车后还得乘坐汽车。更困难的是，当时的火车票已是一票难求。李四光发动全所人员四处托人帮忙，好不容易买到了火车票。这几年来频繁搬迁，地质研究所的物资越来越少，他们这次轻装前往贵阳，只是每人随身携带一个小包裹。火车一路走走停停，整整走了七天七夜才到达独山。由于火车里每个车厢都挤得水泄不通，加上天气闷热，卫生条件恶劣，李四光在火车上感染了痢疾。在这种情况下，他们无法继续前行，于是借住在独山一所学校里，幸亏一位萍水相逢的女医生义务为李四光看病、送药，李四光的病情渐有起色。

此后又经一番奔波，地质研究所终于抵达贵阳，此时李四光的身体刚有好转，他便赶着出席中国地质学会第20次年会，并带人到野外考察第四纪冰川遗迹。在一次野外考察中，他偶然发现有个地方环境幽雅，距贵阳30多里，名叫乐湾万松阁。这里既有冰川遗迹可供研究，又很适合静心写作。在与众人商讨并获得一致通过后，他把地质研究所搬到了万松阁附近的一座古庙里。

虽然这时李四光的身体仍有些虚弱，但他每天还是早出晚归，翻山越岭，四处考察。夜深人静时，他独坐油灯下，总结每天的收获，最终写成了很有学术价值的论文《贵州高原冰川之残迹》。

遗憾的是，万松阁也不是久居之地，日军又开始向贵阳步步紧逼。李四光不得已，只好带领同事们直奔重庆。一路上，看到国民党的军队不战而退，溃兵游勇们沿途抢持车辆，劫掠百姓，他不由痛心疾首。汽车快到遵义时，一群败兵挡住了他们的去路，以"征用"为名抢车。李四光十分愤怒，他从车上下来，指着那群人厉声喝问道："你们要干什么？要这辆车，你们办不到！有本事就把我打死在这里。你们简直是一伙强盗，快给我滚开！"

李四光平素温文尔雅，但发起怒来亦如狂风怒号，所以一下子便镇住了对方。他们一时拿不准李四光是何等来头，也不敢造次。为首的兵士点头哈腰，向四周挥手示意，败兵们都散开了。事后，研究所的工作人员都很佩服李四光临危不惧的大无畏气概，斯行健由衷地赞道："嘿，老师就是能以一正压百邪！"其实李四光当时也是心中惴惴，所幸有惊无险，众人不敢耽搁，迅速上车，继续赶往重庆。

重庆是国民政府的战时首都，也难逃日军的轰炸，城里时不时响起防空警报。地质研究所来到这里后，暂时寄居在小龙坎的四川地质调查所内。其间，李四光得益于自己的学生、重庆大学地质系主任俞建章的安排，在重庆大学理学院安排了一间研究室，李四光经常到这间研究室里埋头工作。

5. 奉若珍宝的砾石

每次到野外考察碰到特征明显的奇异石头，李四光总是小心翼翼地收好，带回来作为标本。他的研究室里摆满了搜集而来的各种石头，他把它们视如珍宝。

有一次，地质研究所的一位工作人员在广西桂林郊外的良丰山区考察时，在冰碛层中发现了一块长约37厘米，弯曲成90°的砾石，凹的一面带有皱纹，凸的一面则很光滑。他知道李四光爱石如命，尤其喜欢奇怪的石头，便把这块砾石带回送给李四光。

李四光得到这块砾石后，爱不释手，经常随身携带，以至于衣服的口袋也被石头磨破了。他担心石头的纹路磨损，专门给这块砾石做了一个盒子，里面垫上棉花，把它精心保护起来。他给这种石头起名为马鞍石，后来又在其他冰川沉积物中找到这种马鞍石。研究马鞍石的弯曲变形，可以了解岩石的弹塑性变形。

1941年7月7日下午，李四光应邀参加广西大学第八届毕业生典礼暨新舍落成典礼,并发表了题为"岩石的力学性质与时间因素变化之关系"的演讲。他说:"坚如磐石常常被用来评价人的高贵品质。坚硬便是石头的品质。地质研究人员普遍认为,在高温、高压的作用下,石头又像胶泥,变成各式形状,而我还认为,条件特殊时,温度不高,出力不大,石头也会改变形状。这个特殊的条件就是时间。

"我们家乡有个风俗,老百姓在春节前要摆一块麦芽糖敬神,神喜不喜欢吃麦芽糖呢?我不知道,但我知道小孩子爱吃。平日里家里不买,没得吃。过年买来一块却叫神吃,小孩子想不通,趁母亲不注意,爬到桌子上,抓起糖就跑。母亲发现后就去追,追上孩子抢夺麦芽糖,孩子不给,两人撕拽,糖被拉成了长条。我见过卖糖的小贩,他们拿一柄锤子,只一敲,麦芽糖碎了。这说明麦芽糖既有塑性又有脆性。

"石头也是这样。大家看,这是一块极易破碎的石英砂岩。由于长时间受一种稳定压力,它不仅没有破碎,还被塑成了这种形状。"

台下的学生们一边听,一边踮起脚尖,想看看这块石头。李四光见状,把盒子递给前排的学生,让他们依次传看。他接着兴致勃勃地说:"我搞了这么多年地质,还没有见过这么好的石头。它比宝石还要宝贵得多。"

孰料,当盒子转了一圈重新回到李四光手里时,石头却不翼而飞。看来是有爱石之人将它"收为己有",李四光只得向学生们解释,这块石头不是宝石,只具有科学研究方面的价值,没有任何经济价值,如果拿给玉石专家鉴定,它分文不值。会场里一阵骚动,但仍然没有人主动交出石头。

李四光无奈,只好作罢。他说:"收藏它的同学可能和我一样,也很喜欢它。那就好好保存吧,它确实是一个难得的标本。"

事后,广西大学校方在学校公示栏里张贴告示,希望拿走砾石的学生能反思己过,物归原主。几天后,窃石者将这块砾石送到了告示指定的地点。广西大学专程派人把砾石送还李四光,并诚意致歉。

经过这件事后,李四光更加珍视这块奇异的砾石,很少再把它外示于人,而是像宝贝一样收藏起来。后来,他还专门给它拍了照片,并写短文《一块弯曲的砾石》发表在英国一本杂志上,将它介绍给同行爱好者。文中写道:"漫长的地质时代,在地应力长期作用下,岩石发生各种变化。犹如这枚砾石,它的一端被卡在石缝里,另一端被冰流推压,久而久之,弯曲成直角形。""变形是由于砾石的一半被固紧,比方说塞在一个基岩裂缝中,或者塞在一个满载岩石碎块的冰川中,而另一半受到冰流的前推作用形成的。""从这里可以看出,砾石的弯曲没有高温作用的因素,因而时间因素使然。"

6. "有了共产党,就有了希望"

1945年,由于长期的颠沛流离和过度紧张的工作,李四光突发心脏病,而且重庆的夏天到来,使许淑彬担心李四光身体虚弱,耐不得高温,她便建议他到位于重庆市北边60多公里处的北碚的北温泉疗养一段时间。不过到了那里,李四光仍然无心静养,又经常带着罗盘、拄着拐杖到附近考察。许淑彬责怪他不注意身体,他却说工作才是最好的休息,整天躺着不动,反而会闷出病来。

共产党的主要领导人、革命家周恩来听教育界的一位朋友说李四光夫妇生病了,想来探视他们,但又担心特务跟踪,于是选在一个风雨交加的深夜,绕道来到李四光养病处。看着李四光书桌上堆放着的厚厚的书稿,周恩来对李四光说:"日本侵略者就要被赶出中国了,我们的胜利就在不远处。到那时,我们就要全心全意搞建设了。"接着,他又向李四光简述中国共产党的政治主张,并分析了形势发展,临走前再三叮嘱李四光夫妇保重身体。周恩来离开后,李四光情不自禁地对家人说:"我从周恩来先生身上得到的一个最大感觉就是,中国有了共产党,就有了希望。"

不久,周恩来又一次与李四光会面,建议李四光将广大科学工作者团结起来，建立一个组织，为中国的科学发展集中力量。李四光对此深表赞同。同年7月6日，中国科学工作者协会（简称"科协"）在重庆沙坪坝正式成立，理事长为竺可桢，李四光任监事长。后来，科协在西南和西北地区的一些城市以及英国、美国、奥地利、丹麦等国的留学生中，也成立了分会。

7月中旬，李四光在重庆大学和中央大学联合举行的学术报告会上，以"地质力学的基础与方法"为题发表了演讲，对地质力学的意义进行阐述，还明确指出用构造形变反推构造应力场的基本原理，并系统阐述了各类构造与应力之间的关系。

早在20世纪20年代初期，学术界就大陆运动起源问题争论激烈之时，李四光就发表了《地球表面形象变迁之主因》一文，在批判一些传统派的同时，他根据大陆上显示大规模运动方向的证据，提出"运动起源于地球自转速度变化作用"的假说。后来，他认为这些证据具有多解性，不够严谨，又提出："我们怎么知道地壳发生过运动呢，只有根据由于地壳运动而产生的结果来加以判断。"

因为地壳运动而产生的各种岩层和岩体的变形现象，即地质构造现象，是表现地壳运动最直接的证据。那些大型、小型、单式、复式褶皱和各种断裂等，可以让人类认识地质历史上曾经发生过的地壳运动方式和方向。而要获得这些认识，地质学家必须对当地的各种构造现象的本质、形成的过程以及它们彼此之间可能存在的联系进行鉴定和研究。这样研究地壳运动问题和以前只注意大陆的大块运动大不相同。

经过多年艰苦的野外调查,李四光对地质构造现象的本质有了更加深入的认识,他根据地质学的一般理论和已有概念,结合中国大陆及亚洲全区地质实际,并参考其他大陆的地质情况,建立了构造体系、构造序次、构造复合等重要概念。

李四光1947年出版的《地质力学之基础与方法》专著正是基于这次演讲整理而成,由此建立了一门交叉学科——地质力学。

1945年8月,经过14年浴血奋战,中国人民终于取得了抗日战争的最后胜利。欢呼声响遍华夏大地,李四光与全国人民一样,沉醉在欢欣鼓舞、庆祝胜利的热潮中。地质研究所的同事们纷纷到北碚镇来看望他,同时表达了想回南京的心愿。

李四光虽然身体还很虚弱,但他和大家一样,希望早日回到南京,重振地质研究所。不过,他行事一向谨慎,经过多年战乱,他不了解南京的情况,也不清楚地质研究所的损失程度,为稳妥起见,他决定先派学生赵金科打前战,提前回南京做一些准备工作。赵金科接受李四光的嘱托后,先奔赴庐山,然后又到南京、上海,接收了地质研究所在战乱期间丢下的图书和仪器。

这时，李四光的好友、时任国民党政府外交部部长的王世杰前来探望他，询问他是否需要营养补助。考虑到王世杰当时的身份，李四光婉言谢绝了。不久，时任国民党政府行政院院长宋子文来请李四光出任驻英国大使。李四光以身体欠佳，需要静养，不适合承担外事政务为由，委婉拒绝了宋子文的好意，并表示感谢。

不久，赵金科回到重庆，将各处情况向李四光作了汇报。李四光决定与地质研究所的同事分期分批东进，这时有些曾经借调外单位工作的人也主动回来，共计30多人。

李四光和许淑彬一家从重庆乘船先去上海。船到武汉时要停留较长时间，阔别多年的亲朋好友闻讯赶到码头看望他们。当见到久别的小妹时，李四光不由得热泪盈眶，一别8年，他们的父母已经与世长辞，兄妹短暂相逢又要执手泪别。

船经南京时，时任教育部长兼中央研究院院长朱家骅登船看望李四光。原来，俞建章在出发前给地质研究所发电报说，他和李四光夫妇计划先到上海，希望大家暂勿挂念。朱家骅获知李四光的行程后，特意前来劝说李四光留在南京工作。一见面，他就递给许淑彬一叠装着钞票的纸包，客气地说："李夫人，你们现在手头一定很紧张，这是给二位的一点营养费，请笑纳。"

李四光坚辞不受，说道："不能收，不能收！我们固然穷，但看病的钱还花得起。"朱家骅面露难堪之色，但旋即又请李四光在南京下船，李四光婉拒道："谢谢您的好意！我不打算在南京上岸，船票是直达上海的。我现在患有心脏病和失眠症，约好了大夫在上海专等，非去不可。地质研究所的所有事务已由端甫（俞建章字）代理，公事方面请朱院长直接与他联系，还请多多关照！"朱家骅见李四光对地质研究所安排周密，找不到继续挽留李四光的理由，而且他深知李四光性格刚直，不易说服，只得无奈离去。

李四光到达上海后，经医生检查，诊断为心绞痛，同时还查出患有肺结核，需要静养。

此时内战再起，李四光经过慎重考虑，想带队去考察西北黄土高原和新疆境内天山山脉的地质状况。恰巧他的学生孙殿卿从南京来探望他，据他了解，孙殿卿结交了一些进步朋友，于是委托孙殿卿前往重庆了解情况，并征求八路军驻重庆办事处董必武的意见。

董必武得知李四光的愿望后，考虑到李四光的人身安全，他对孙殿卿说："我们知道仲揆先生在上海，但无法前去看望他，怕给他带来麻烦。请你转告仲揆先生，新疆暂时是去不了的。当前那里很不安全；到解放区去，路上也不方便。当前内战发展迅猛，蒋介石虽然尽力挣扎，但已处于崩溃的边缘。我们中共和平谈判代表团在这里也停留不了多久。现在蒋介石已经疯狂，不能忽视。望多珍重，后会有期！"孙殿卿将董必武的话转述给李四光，让李四光感受到中国共产党对自己的关怀和保护,他决定按董必武的意见办。

此时,伦敦正在筹备第18届国际地质大会。1947年7月14日,经中国地质学会投票选举,李四光成为出席国际地质大会的唯一中国代表,会议将于1948年召开。此时国民党政府正处于风雨飘摇之中,为暂避战乱以及国民党反动派的迫害,李四光很乐意在这个时候去参加会议。他对妻子许淑彬说:"我们一同去国外吧,要尽快动身。英国虽然很讨嫌,但伦敦还有些学术研究的条件可以利用。欧洲的资料现在很多,可惜他们竟然什么也提不出来,去那里可以对世界地质进行全面考察,更广泛地认识世界构造体系也有可能。人民将要迅速赢得这场战争了,我又有点舍不得出去。开完这个会再看情况,一旦需要,就飞奔回来,祖国就要大搞建设了,一切都将是新面貌。我已近60岁,还能赶上这个历史时刻,人生有幸啊。"

同年9月,李四光来到杭州风光秀丽的玉皇山小住。为了让李四光好好休养,许淑彬禁止他再看资料写论文,以免他用脑过度,影响健康。李四光在家表现得很配合,却经常约学生吴磊伯,以观光、散心为由出门,然后由李四光口述,吴磊伯记录,在两个多月的时间里完成论文《关于"震旦运动"及华夏式新华夏式构造线三个名词》。

1948年2月,李四光夫妇从上海出发,途经香港、马赛,在海上漂泊数月,辗转来到英国伦敦。当时他们的女儿李熙芝正在剑桥大学读书,特地赶到多佛港口迎接他们。在异国他乡与女儿团聚,李四光夫妇内心充满了喜悦。李熙芝在伯明翰大学附近为父母租了一套房子,之后,他们一家三口在这里住了一个多月,临到大会开幕前才前往伦敦。

作为国际地质学会中唯一的中国人,在这次大会上,李四光宣读了自己的论文《新华夏海之起源》。文中提到的新华夏海,是指东亚东缘的渤海、东海和日本海。一张又一张图表闪过,他讲了新华夏体系,讲了"山"字型构造和宏伟的东西褶皱带。这些构造体系最终必然涉及地质力学,他的论述使国际地质界感受到地质力学的强大生命力。

大会结束后,李四光没有马上回国,而是来到英国南部的海滨城市伯恩茅斯疗养,同时继续研究工作。这段时间,他密切关注国内的形势发展,解放战争接连胜利的好消息,让他无比振奋。

第八章　全心为人民服务

　　新中国成立后,李四光出任地质部长,为组建国家及地方的地质研究和地质勘探队伍、培养地质人才而四处奔忙。地质部在他的指引下,探明了三十几种矿产资源的储量,其中以石油、铀矿的发现最为重要,为新中国的经济建设和国防建设做出重要贡献。

1. 艰险回国路

1949年4月,国内局势渐趋明朗,中国人民解放军百万雄师横渡长江,全国解放指日可待。国民党要员纷纷南逃,地质研究所和其他直属机关被要求迁至广州,并入中山大学。研究员们对于去留,一时拿不定主意,此时李四光又不在国内,由于情况紧急,许杰、赵金科等11人在审慎协商后签订了一份反对南迁的誓约,然后将此事密告在英国的李四光。

李四光收到信后,立即回信表示支持他们的行动,认为搬迁"只好任有志者前往,若为地质所同人避乱似无多大意义,我个人绝不赞成"。同时他也向南京、上海两地同事表达了个人敬意,对"愿留守本所,看护书籍、仪器者,深为钦佩"。

因为地质研究所拒绝南迁，研究员们的薪资失去来源，为解决这一问题，李四光又分别致信俞建章、许杰和赵金科："将我个人名下所存的少许集资公开，作本所研究工作、个人救济之用，以箪食瓢饮，或尚可维持于一时，俟局面稍定，再从长计议也。"

这时，郭沫若率中国代表团到布拉格出席世界保卫和平大会，他带来周恩来的口信，希望李四光能早日回国，共商建国大业。久盼这一天的李四光禁不住热泪横流，他的赤子之心已经飞向祖国。

但当时从英国到亚洲的船很少，经与妻女商量，李四光预定了由法国马赛到香港的船票，但要半年后才能起程，李四光只能耐心等待。借此机会，他为女儿举办了婚礼。他临时请来几位朋友，为女儿李林（原名熙芝）和女婿邹承鲁举行了简朴的婚礼。两个新人同在剑桥大学深造，一个学物理冶金，一个学生物化学。完成学业后，他们先后回到中国，参加了社会主义建设，后来当选中国科学院院士，成绩斐然。

尽管李四光人在国外，但他仍被中华全国自然科学工作者代表大会筹备委员会推选为该会常务委员会副主任委员。9月21日，在中国人民政治协商会议上，李四光又高票当选中国人民政治协商会议全国委员会委员。

10月1日，天安门广场举行了中华人民共和国成立大典。李四光通过收音机收听了广播报道，内心激动不已，当即和许淑彬商量尽快回国。然而，10月2日黎明，李四光接到早年在国内结识的女作家凌叔华的电话，说台湾当局听说李四光当选为中国人民政治协商会议全国委员会委员，密令"驻英大使"郑天锡立即与李四光交涉，强令他向全世界发表公开声明，否认中华人民共和国，拒绝接受共产党领导的全国政协委员职务，否则将采取必要措施扣留他。

由于情况紧急，凌叔华在电话中说："您得马上离开，郑天锡已探知您的住处，他们会不择手段的。您最好先到瑞士去，到时我们再设法送淑彬与您会合，然后你们一起回国。这是唯一脱身的办法，快准备吧，免得夜长梦多。"

李四光也不想节外生枝，当即决定按照凌叔华所说的做。他很快穿好衣服，并让许淑彬打点行装，为避人耳目，他只带几件衣服和他的论文手稿、地质锤、罗盘、放大镜等，以及一些现金。一切准备妥当后，李四光又写了一封信，交给许淑彬说："如果郑天锡来查，你就说我去土耳其考察了，过几天再把这封信寄给他。"

许淑彬接过信件，着急地催促李四光赶紧动身，免生意外。李四光依依不舍地告别妻子，匆忙赶往南安普敦，乘船前往法国瑟堡，然后又乘坐火车，经过巴黎、南锡等地来到瑞士北部的边境城市巴塞尔，在一家小旅馆安顿下来。

李四光走后第二天,郑天锡的秘书不请自来,许淑彬镇定自若地告诉来人李四光外出考察了,对方见屋内陈设摆放并无杂乱之象,于是没有起疑,还拿出一张5000美元的支票递给许淑彬,声称是郑天锡的一点心意。许淑彬礼貌地谢绝,理由是李四光不在,她不便收下。

随后,在凌叔华的精心安排下,许淑彬母女日夜兼程,顺利来到巴塞尔,找到李四光落脚的那家旅馆。旅馆主人告知她们李四光一大早就外出了,于是安排许淑彬母女到李四光的房间休息。许淑彬猜想李四光出去考察地质了。傍晚时分,李四光终于回来,正如许淑彬所料,他还背着好几袋岩石标本。一家平安团聚,终于放下心来。

与此同时,郑天锡也收到了许淑彬离开英国前寄出的李四光的亲笔信,信里提到,中华人民共和国是李四光多年来日夜思盼的理想国家,中央人民政府是他竭诚拥护的政府。能当选为中国人民政治协商会议全国委员会委员,是他莫大的光荣。而今,他已经起程返国就职……

几天后,李四光带着妻子告别女儿,登上了前往意大利的火车,他们将从那里乘船前往香港。当时轮船没有固定班次,船票上也没有日期,他们在欧洲足足等了3个月,其间李四光又顺便进行了一番地质考察,从瑞士的冰碛湖和冰碛丘陵到阿尔卑斯山南坡的利古里亚海岸。这段时间,他们与所有人都失去了联系，后来终于在热那亚上船，差不多一个月才抵达香港。

在巴塞尔时，李四光收到了印度著名古植物学家萨尼的妻子转来的信，请李四光为萨尼逝世一周年写一篇纪念文章。于是，李四光在回国途中构思完成了一篇关于地质力学的学术论文《受了歪曲的亚洲大陆》。他首先追述了自己与萨尼的友谊，尤其是萨尼在他处境困难时给予的鼓励。1945年秋，李四光在重庆收到萨尼的来信，萨尼在信中表达了自己对李四光的关心，同时提出一个启发性的课题，那就是希望得到导致印度东北急转弯那样奇异的地壳歪曲变形的连续进程的证据。这个课题在一定程度上使"一个为生活苦恼的人恢复了兴趣"。李四光回复说将对此进行尝试性的总结，然后赠送给这位博学的印度同行。然而，将近5年过去了，他的承诺"现在才有机会完成，虽然这是一个悲伤的任务"。

李四光在文中写出他的思考：所谓受了歪曲的亚洲大陆，是指自然界的各种应力——压力、张力、扭力造成亚洲大陆的各种形变，还是指欧美地质人员用狭隘的眼光来解释亚洲的造山运动，而使亚洲枉受了许多的歪曲和冤屈？他在文中含蓄地回答，这是问题的两方面，地质学家在做研究、下论断时需兼顾。

文章描述了亚洲的、中国大陆的、印度半岛的若干有关构造问题，简要描述了中国大陆上的"山"字型弧形、新华夏系等体系。李四光提出，欧亚大陆从古生代起就一直往南推进，亚洲东部则朝印度方向推动。那些向太平洋突出的边缘弧形可以证明，坚强的亚洲大陆正对着太平洋的底盘施加压力。

行文至结尾处，他在纵论地质时代的世界地质发展形势时，借用地质的语言一语双关地表达了自己对新中国的祝福："我们的结论是，随着地球旋转的加快，亚洲站住了，东非西欧破裂了，美洲落伍了。"

2. 花甲之年谱新篇

1950年3月初，李四光夫妇抵达香港，在香港码头迎接他们的是李四光在日本留学时的同学兼好友陈厚甫。陈厚甫向李四光介绍了新中国为迎接他回国所做的安排："周恩来总理十分关心你们旅途中的安全问题。周总理估摸着，按行程时间，你们早该到了，为什么还没有任何消息呢？为确保你们的安全，周总理给华南军政委员会下达任务，要求查明你们旅途中的情况。以叶剑英为首的军政委员会分析，你们不可能走北路，因为经苏联回国，此线办不到签证；若走南路，必经香港，从香港经九龙至深圳的交通是开放的，一般人多从这条路回国。基于这样的分析，上级领导事先安排我到南线来迎接你们。"李四光听了，深为祖国的关怀感动不已。

李四光一经回国，立马在国内引起轰动，广州、上海和南京三地的多所学校、研究所及社会团体邀请他参加学术演讲及其他活动，直到5月6日，李四光夫妇才在俞建章、张文佑、孙殿卿等人的陪同下，坐火车前往北京。火车到站后，李四光发现前来迎接的有中央人民政府副主席李济深、中国科学院院长郭沫若、副院长竺可桢与陶孟和、文化部副部长丁燮林等人，李四光见自己受到如此重视与礼待，内心不由得涌过一阵暖流。当天晚上，郭沫若设宴为李四光夫妇接风洗尘，华罗庚、谢家荣等党内外领导干部和知名人士作陪。新老朋友欢聚一堂，气氛十分热烈。

随后，李四光夫妇被安排入住六国饭店。第二天上午，周恩来总理特地赶来看望李四光，李四光难掩激动。周总理亲切地询问了他们的旅途和健康情况，然后谈到工作，李四光坦诚地表示他的兴趣主要在做研究，想再回南京去。不过，周总理认为，新中国百废待兴，希望李四光能挑起更重大的担子，他说："地质会议等了你5个月，当时你与国内失联，有人说李四光断难回来……我相信你一定会回来，之所以没有回来，一定是碰到了什么困难。我就等你

第八章　全心为人民服务

回来开这个会，因为众所周知你是组织地质工作最合适的人选。现在国家需要你来做组织工作，我们党也相信你能把这个重担承担起来。"

李四光认真倾听周总理的讲话，从内心来讲，他并不想担任行政方面的职务，而倾向于做研究工作，所以，他北上之前已经把一部分书籍和个人物品留在了南京。但转念一想，他又回忆起那句"铁肩担道义"的自勉，面对周总理的殷切期望，他决心以花甲之躯担负起党和国家交付的任务："人民需要我做什么，我就做什么，一直到我做不动为止。"

周总理面露喜色和李四光握手，并说："现在先请你担任中国科学院副院长，协助郭老把自然科学抓起来。"周总理同时表示，经济要发展，地质工作必须先行，但眼下地质人才太少，规模不足以成立地质部，不妨先成立一个委员会，组织起全国的地质工作者，慢慢发展壮大地质队伍，到时再请李四光担任地质部长。

李四光从事地质工作多年，对地质界的情况比较了解。新中国成立前全国性的地质机构主要有三个：中央地质调查所、中央研究院地质研究所、矿产测勘处，但在涉及机构转换、个人工作安排时，难免产生一些矛盾。李四光想先听听大家的心声，于是，他通过各个渠道询问目前散居各地的地质工作人员的情况，列出一份长名单，然后以个人名义逐一致函,希望他们尽快加入新中国的地质建设行列,并提出建设性意见。

在充分听取工作人员意见的基础上,李四光最后确定地质工作的组织机构为"一会二所一局"。其中,"一会"指地质工作计划指导委员会,"二所"指中国科学院地质研究所和古生物研究所,"一局"指财政经济委员会矿产地质勘探局。李四光担任地质工作计划指导委员会主任委员。

随着新中国各项建设的迅速推进,地质工作也变得越来越重要。1952年8月7日,地质部正式成立,李四光改任地质部长。这一年,他63岁。

为了组建技术班子,李四光先后任命谢家荣为地质部总工程师、黄汲清为地质部普查委员会技术负责人,共同主持地质部全国矿产普查委员会的技术领导工作。到1956年9月,地质部共探明30几种矿产资源的储量,基本保证了煤炭、黑色冶金、有色冶金等工业建设的需要。

考虑到现有的地质人才无法满足国家经济建设发展的需要,急需有大量新鲜血液补充进来,经李四光提议,高等教育部决定在北京大学与清华大学地质系的基础上组建北京地质学院,李四光兼任学院筹备委员会主任。不久,又在东北地区以东北地质专科学校为基础,组建了长春地质学院,由俞建章担任院长。南京大学、重庆大学等6所大学也在李四光的推动下,在地质系设置了专科班。为了培养技术干部,李四光又创办了9所中等地质技术学校,开设钻探、化验、测绘等专业。从20世纪50年代起,地质院校的历届毕业生大都成为新中国地质事业中的骨干人才,支援了工业建设的各条战线。

3. 人尽其才百事举

新中国成立后,经济建设大规模展开,火热的发展形势对知识分子的需求也达到了空前的程度。李四光在组建地质部的过程中对此深有体会,加上他本人在科学研究的道路上历经波折,所以他极为珍惜和保护人才,要求人事部门全面调查,详细记录科学界人士的政治思想情况、学术专长、当时所在地、正在从事的工作等,以便将来需要时可以及时调用。同时他还提出,在调动与安排科技人员的岗位时,不仅要发挥个人专长,还要考虑科技人员自身的意愿,从而更好地发挥他们的主观能动性,不至于浪费人才。

针对从旧中国过来的知识分子,李四光认为他们大部分拥护人民政府,政治上追求进步,"首先要统统拿过来为我所用，然后再加以改造"。仅仅强调技术，不问政治虽然过于冒险，但是也要灵活变通。有的人只要政治上拥护共产党领导的新中国，就可以放心地给他安排合适的工作，尤其是对中青年科技人才，应该给予他们足够的钻研业务的时间。

李四光言出必行，使许多地质人员人尽其才。抗战时期，有个科学家因为不愿放弃当时的工作环境以及其他非政治原因，留在沦陷区，新中国成立后一度遭到误解，但李四光了解情况后仍设法给他安排了合适的工作，让他发挥自身所长，对国家做贡献。还有一位地质学家，在新疆解放时因事受到牵连，李四光主动出面替他向政府说明情况，争取妥善处理。

在工作中，李四光收到许多来自国内外地质工作者和地质爱好者的信件，他对这些信件十分重视。面对青年们在信中提出的怎样学习地质力学的问题，他除了给予热情的鼓励和耐心的教导，说明学习地质力学的方法外，还经常提供一些必要的学习书目。他强调，科学技术工作者的兴趣要广泛，基础要打牢，正确处理博与专的关系，等等。他认为，任何专业都无法孤立存在，要想解决一个科学技术问题、完成一项任务，除了某一专业的贡献外，往往也需要其他专业的协作。所以，科学工作者应该在博的基础上求专，在专的要求下求博。

第八章　全心为人民服务

通过众多来信，李四光意识到，普及地质力学的知识不是一次或几次通信就能办到的，如果将地质力学爱好者集中起来学习、研讨，效果会更好。所以，在《地质力学概论》出版后，他决定举办地质力学进修班。从1962年11月到1966年上半年，进修班一共举办三期，培养了153人。李四光在该进修班除了讲授《地质力学概论》的知识外，还带学员们到野外考察，结业时，每个学员都要根据地质力学的观点和方法写一篇实习论文或工作报告。李四光很重视进修班的教学工作，经常亲自向学员们讲话，有时还和学员们共同研究探讨学习中遇到的问题。

青年地质工作者萧启唐从北京石油学院地质系毕业后到新疆工作，他很敬佩前辈李四光在地质科学上的成就，因此对地质力学产生了浓厚的兴趣，但他在自学过程中却感到困难重重，一是没有系统的学说可以参考，二是不知道如何在野外工作学习。他为此写信给李四光诉说了自己的困境，李四光收到信后，热情回复，他说："新疆不论从国民经济还是地质特点等方面来说，都是个很有意义的地区。……我想最好是趁你在新疆工作的时间，紧紧抓住野外考察的机会……对各种构造型式进行研究，看看它们表示的地壳运动是否有一定的规律。如果我们能够确定构成各种构造型式的运动方式，把这些综合起来，就能对地壳运动的方向做出结论。"此外，李四光还鼓励萧启唐说：

"听说你在微积分学上有一定基础，我非常高兴。同时你还能阅读一定的外文书籍，这对今后的工作会有相当便利。在这个基础上，如果你在日常工作中还有时间，可以多注意向量分析、位函数和线积分等方面的学习，这些对地质力学的理论分析都是有用的。"

对于有潜力的青年科学工作者，李四光总是尽力支持和鼓励。比如，当他知道地质研究所的叶连俊致力于沉积学研究时，备感欣慰，因为中国过去踏实研究这方面的人太少，而当时又很需要有人去做这方面的工作。他还向外国杂志推荐了叶连俊的著作。

青年地质工作者刘鸿允花几年时间编了若干幅古地理图，想请李四光审阅。有人告诉他，李四光的构造学说不讲究古地理，故而李四光大概对他的古地理图不感兴趣。然而，李四光收到后却非常欣喜，认为刘鸿允的这项工作大有必要，并欣然提笔为图册作短序。

在著名地质学家、地震预报学家、中国科学院院士马宗晋的成长过程中，李四光同样为他注入了强大的动力和支持。

马宗晋从中学起便对地理产生浓厚兴趣，后来一直把李四光视为榜样，并以优异成绩考入北京大学地质系。后因高校院系调整，马宗晋进入新成立的北京地质学院。大学毕业后他报考研究生，选择了李四光的学生孙殿卿教授作为导师，由此成为中国地质力学的第一个研究生。一天，孙殿卿告诉马宗晋，李四光想见见他。马宗晋万分忐忑，生怕见到这位学界前辈时因过度紧张答不出问题来。但一见面，李四光的和蔼可亲便打消了马宗晋的不安，他亲切地询问马宗晋是哪里人，学习生活是否顺利。李四光还拿出一块岩石标本，指导马宗晋如何由小看大、由观察现象到理论抽象。这次谈话进行了约两个小时，最后李四光交给马宗晋一个任务，让他从杭州的南高峰到北高峰，再到黄龙洞，做一个地质剖面图。

这次会面后，马宗晋每天早出晚归，花 10 天时间圆满完成任务。李四光看了剖面图后满意地说："地质工作比较直观，但也容易流于浮泛与浅薄。从中慎思明辨，发现新东西并不容易，要搞清其中的道理就更难了。你应该花力气去补学数学和物理，我建议你到北京大学再学一年，希望你把经典地质学再向前推进一步。"随后，李四光给北京大学教授周培源写信，请他安排马宗晋到北京大学深研数学和力学。

1961 年研究生毕业后，马宗晋留在中国科学院地质研究所从事构造力学研究。他在工作中始终牢记李四光说的话："请看科学发展史中，有多少重大自然现象的发现是从对渺小事物的粗略认证开始的。"

4. 摘掉"贫油国"帽子

早在20世纪20年代初,李四光就怀着富国强国的热切愿望,对煤炭资源开展了地质勘查工作。当时,不少外国地质学家都不看好中国的石油资源,认为中国是一个贫油国家。1915年到1917年,美孚石油公司的煤油技师曾经率领一个钻井队在陕西北部一带一连打下37口探井,花费甚巨,收获却寥寥可数。1922年,美国斯坦福大学教授布莱克·威尔德来中国调查地质,回国后撰文说,中国是贫油国家,在中国东南部找到石油的可能性不大,西南部找到石油的可能性更是渺茫,西北部不存在重要的油田,东北部分不会有大量石油,于是"中国贫油论"就此流传开来。

国内一些地质学家也有类似的观点,认为中国境内没有发现大规模油田的希望,即使是小规模的油田勘探,可能性也不大;还有人认为中国号称地大物博,但石油的贫乏是无可讳言的。

但李四光根据自己对中国地质的多年研究,认为"中国贫油论"是站不住脚的。1928年,他在《燃烧的问题》一文指出:"美孚的失败,并不能证明中国没有油田可开。……中国西北方出油的希望虽然最大,然而还有许多地方并非没有希望。热河据说也有油苗,四川的大平原也值得好好研究,和四川赤盆地质上类似的地域不少,都值得一番考察。"1935年,李四光在英国讲学,也暗示在我国东部可能找到石油。1939年,李四光在《中国地质学》一书中又指出:"在新华夏系的沉降带中,如用地震的方法在华北平原进行勘探,可以采取有重要经济价值沉积物。"他所说的"有重要经济价值沉积物"便是石油。

新中国成立后,工业、农业、国防建设都面临着石油短缺问题,各项事业的建设都受到连带影响,导致发展缓慢。为了解决这个问题,1953年,毛泽东主席、周恩来总理把李四光请到中南海,征求他的意见。这是李四光第一次面对面地与毛主席商讨国是,心中不免紧张。简短的寒暄过后,毛主席首先开口道:"要进行建设,石油是不可缺少的。天上飞的,地上跑的,没有石油都转不动。有人说中国贫油,你对这个问题怎么看?如果中国真的贫油,人工合成石油的道路能不能走得通?"

李四光听了,千言万语涌上心头,一时竟不知从何说起。周总理似乎看出他因激动而紧张的心情,接过话头介绍了当时我国石油生产的严峻形势:每年只能生产10万吨石油,根本无法满足工业发展的需要。要缓解局势,可以从三个方向探寻出路：一是从国外进口石油，但我国外汇并不充裕；二是开发我国的天然石油，但国内外有专家说"中国贫油"；三是走人造石油的道路，即从我国广东茂名、辽宁抚顺的油田页岩中提炼石油，缺点是成本太高。

听完周总理的介绍，几十年来关于中国是否有石油的论战又浮现在李四光的脑海中，他坚信自己的判断是正确的，于是肯定地表态："主席、总理，我国天然石油的前景是光明的，但必须加强勘查工作。"接着，他根据自己几十年来对地质力学的研究，从整个新华夏体系巨大宏伟的"多"字型构造体系说起，滔滔不绝地讲到我国石油燃料的分布与蕴藏："在我国，第三沉降带的呼伦贝尔－巴音和硕盆地、陕北－鄂尔多斯盆地、四川盆地，第二沉降带的松辽平原，包括渤海湾在内的华北平原、江汉平原和北部湾，第一沉降带的黄海、东海和南海，都储藏了有经济价值的沉积物。这些话都是我过去在外国讲的，所以故意说得含糊些。其实，它们就是天然石油和天然气。而方才说的那个'多'字型构造的对扭性质，使它们有条件成为雁行排列的良好储油构造。因此，仅就新华夏体系而言，仅就石油而言，且不说其他的构造体系和其他资源，单从新华夏体系的沉降带分析，则可断定既生油，又储油。这就是说，我国天然石油远景辉煌，我们地下石油的储量确实是丰富的……"

李四光还认为，当务之急是在更广泛的地理区域内展开勘探工作，而不能局限于西北一隅。当然也要有明确的目标和针对性，否则很可能耗时耗力却毫无所获。李四光找油的指导思想是先找油区，再找油田。油区的范围较大，区域内的生油和储油条件比较好，油田则是储油条件特别好的地区。为了解决实际问题，他建议把地质部和燃料工业部，尤其是石油管理局等相关部门联合起来，集中人力、物力进行石油勘探，以避免各自为政的局面。

这个建议得到毛主席和周总理的赞许。不久，周总理在国务院的一次会议明确指出："石油在我们的工业中是最薄弱的一个环节……首先是勘探情况不明。地质部长很乐观，对我们说，地下蕴藏量很大，很有希望。我们拥护他的意见。"

1954年2月，李四光在石油管理总局作了报告《从大地构造看我国石油勘探远景》，全面系统地阐述了我国大地构造的特点及含油远景，指出3个远景最大的可能含油区，即青康滇地带、阿拉善－陕北盆地、东北平原－华北平原，并提出应该首先把柴达木盆地、四川盆地、伊陕台地（今鄂尔多斯地区）、阿宁台地、华北平原、东北平原等地区作为普查找油的对象。这次报告极大地鼓舞了石油战线上的广大工作者。

1955年1月20日，地质部召开第一次全国石油普查工作会议，成立了新疆、柴达木、鄂尔多斯、四川、华北5个石油普查大队。

中国幅员辽阔，怎样才能多快好省地找到含油区呢？李四光根据多年探索的地质力学理论和经验，指出找油的关键在于对构造的正确认识，应当考察具备或基本具备相应地质条件的地区。

同年7月，李四光派孙殿卿带队前往地质部西北地质局632地质队所在地——位于青藏高原柴达木盆地中南部的格尔木。当时，地质工作者已经在冷湖地区发现3个背斜构造。这3个构造的轴线虽短，但它们之间靠西端收敛，东边呈撒开形式，很像一个帚状物构造。根据李四光的地质力学观点，这种构造正是含油区的重要标志。

10月中旬，孙殿卿带领调查小组来到冷湖地区，又分成几个小组去实测各个背斜构造。一个小组测到构造东北中部的每一块砂岩几乎都带着油味，另一个小组也从另一处带回一盆黑黝黝的油砂。调查结果让大家兴奋不已，孙殿卿马上把实地考察的资料寄给李四光。李四光据此推测盆地西部、西南部可能都属于一个较大的旋卷体系，认为"搞清楚这个体系，不仅仅是理论问题，而且对储油构造的认识将有重要关系"。他将调查小组在冷湖地区的发现命名为"柴达木冷湖地区反S型旋卷构造"。后来经过钻探，这一带果然打出工业油流，建立了冷湖油田。

紧接着，地质部派出 93 支地质队、430 多名地质人员，奔赴 12 个地区进行普查和细测。1956 年 3 月，地质部、石油工业部和中国科学院联合成立了全国石油地质委员会，李四光任主任委员，由此拉开了全国石油勘探大潮的帷幕。

经过多次勘探，勘探团队发现松辽平原的新生代沉积厚度竟达四五公里，进而断定这里有大量石油蕴藏。1958 年 2 月，中央决定将松辽平原作为石油勘探的主阵地，提出要三年攻下松辽油田。而松辽平原勘探队也不负众望，短短时间内便捷报频传：1958 年 2 月，在吉林扶余和前郭（前郭尔罗斯蒙古族自治县）的石油钻井中，发现了厚达 50 厘米和 70 厘米的含油砂岩层；6 月 17 日，在长春附近的公主岭西北场大城子镇的钻井中，发现了厚达 3 米以上的砂岩层，而且岩芯取出后竟有原油渗出；9 月 24 日，在黑龙江省肇州县高台子钻井中喷出工业油流；9 月 26 日，发现大庆油田，这是我国东部找油的一个重大突破。

这一年，除了东北的勘探成果丰硕喜人外，四川南充等地也相继发现油田，之后在华北、中原、汉江、广东等地也陆续发现油田。

经过 3 年的石油普查工作，在新疆、青海、四川、江苏、贵州、广西及华北、东北等有希望的含油远景区，找到几百个可能的储油构造。在辽东半岛和华北平原，相继打出当时国内产量最高的一批油井,彻底摘掉了"中国贫油"的帽子,到1963年底,中国的石油基本达到自给。

这一时期,周总理经常在各种场合赞扬李四光,一再强调:"地质部几年来的石油地质工作,全部都是按照李四光同志的意见展开的。李四光同志的理论非常符合中国石油分布规律的客观事实……"在1964年12月举行的第三届全国人民代表大会上,周总理又特别指出:"第一个五年计划中建设起来的大庆油田,是根据我国地质学家独创的石油地质理论进行勘探而发现的。"李四光受到如此高度的肯定,想到自己为国家的建设略尽绵薄之力,颇有老当益壮的豪情。

休会期间,一位工作人员走到李四光身边,轻声说道:"李部长,请您暂时移步北京厅。"李四光不知道发生了什么事,急步来到北京厅,但见大厅里空无一人,他又朝大厅的小会客室走去,结果看见毛主席独坐在沙发上。李四光以为工作人员转告有误,连忙道歉:"主席,对不起,我走错了门。"说完准备退出。

"没有错呀,就是我请你来的。"毛主席精神矍铄,他请李四光就座,说,"李老,你的太极拳打得不错嘛。"

李四光以为毛主席是说自己最近学打太极的事情,连忙解释:"刚学了一阵子,还很不得要领,打得不好。"

毛泽东爽朗地笑道:"太极拳讲究内功,看似柔和舒缓，实则刚劲有力，你找油，不就是按太极章法吗？"

李四光听了恍然大悟，应声笑起来。接着，他们如老朋友一般轻松愉快地畅聊起来。

新年期间，毛主席特地派人请李四光到怀仁堂一起观看豫剧现代戏《朝阳沟》，并把李四光的座位安排在自己身边。开演前，谈到石油战线取得的重大胜利，毛主席满意地说："你们两家（地质部与石油工业部）都有很大的功劳！"

李四光逝世前两年，仍然致力于研究我国发展石油的远景问题，并留下宝贵的指导意见：

一、华北平原和江汉平原还值得进一步工作。在松辽－华北（包括渤海）－江汉－北部湾这个带上，还能继续有所发现。

二、要突破古生代油区。四川盆地很有希望，贵州南部值得探索，塔里木盆地见油是个很大的鼓舞。

三、要迅速开展海洋地质工作，海上石油的远景在东海。

四、陕甘宁盆地是有油的。

五、青藏高原－柴达木盆地值得开发。西藏的石油很有希望。

六、茂名－雷州半岛－北部湾地区，值得做工作。

七、苏北地区很值得注意。这里很可能是黄海在挽近地质时代伸进来的地区。

参考李四光的判断,地质学家们经过 20 多年的努力,在内陆和海洋的勘探工作中均有所突破,使我国的石油开发展现出广阔的前景。在李四光的带领下,我国不仅摘掉"贫油国"的帽子,实现石油自给,还在石油的开采、炼化、深加工等方面不断推进,为人民生活带来诸多便利。

5. 寻找核工业的命脉

找到石油后,新中国的经济建设注入了腾飞的动力,但新中国的国防建设还需要一样重要物质,那就是铀。

早在 1920 年年初,李四光便研究过铀矿,还曾经派学生去广西调查铀矿,发现了磷酸铀矿、脂状铅铀矿和沥青铀矿。后来因为战乱,而且尚未发现其利用价值,这件事就暂时搁置下来。

1943 年 5 月,地质学家南延宗到广西开展矿产地质调查。某天,在钟山县黄羌坪一个废旧的锡钨矿上,突然,南延宗被一堆鲜黄色的东西吸引住了,他走过去仔细查看,发现这堆东西是粉末状的。出于职业敏感,他大胆猜测里面可能存在稀有元素,于是用刀刮取部分粉末,回去后交给后来成为地质力学专家的吴磊伯化验。果然,在显微镜下,他们惊喜地发现这种神秘物质呈现出完美的四面体结晶,而这正是铀元素的典型特征!为了进一步确认,他们又做了照相感光实验,结果证明他们的判断无误。欣喜之余,他们立即将这件事向李四光作了汇报。同年8月,在南延宗等人的引领下,李四光来到钟山县黄羌坪进行复查,发现这里的铀矿物沿着一条钨锡伟晶花岗岩脉中的断层面生长,虽然产量不多,但千真万确是铀矿。这是中国第一次发现铀矿,南延宗也因此被称为"中国铀矿之父"。

新中国成立前夕,李四光前往英国参加第18届国际地质大会时,特意从英国带回一台伽马仪,这台仪器对中国后来寻找铀矿起到重要作用。回国后,李四光积极支持中国科学院近代物理研究所的建立,并多次与中国科学院院党组书记张劲夫讨论原子能研究的工作安排。

作为一个地质学家,李四光在生活中几乎随时随地都在观察地质。有一次他到北戴河休养,在海边散步时无意中发现了一些黑砂,于是询问附近的渔民,得知日本人占领这里时挖走不少这种黑砂。李四光借来仪器进行测试后,马上向朱德总司令汇报这件事,朱德指示他尽快进行放射性矿产资源的调研工作。

李四光与刘杰、何长工、宋应等人商议,并征求地质部顾问、苏联专家组组长库索奇金的意见后,于1954年2月成立普查委员会第二办公室(简称"普委二办"),负责铀矿地质勘查的筹备工作。

1954年10月,由地质、物探、测量等20多人组成的花山工作队,在地矿专家高之杕、普委二办聘请的苏联铀矿地质专家拉祖特金的率领下,根据南延宗以前在钟山县黄羌坪的调查线索,再次来到同一个地方进行铀矿调查。在黄羌坪,他们发现了附着在蛋白石、方解石表面的钙铀云母等次生铀矿物,不久又在同一岩体的杉木冲找到云英岩化锡石脉中的铀矿化。在挖了几个大坑后,他们采集到一块良好的铀矿石。这是中国第一块铀矿石,现收藏于核工业北京地质研究院,被称为中国核工业的"开业之石"。

毛主席得知在广西钟山县发现铀矿的消息后,大为振奋,提出要亲自看一看铀矿石。1955年1月14日下午,这块铀矿石被带到周总理的办公室。李四光向周总理介绍了发现铀矿的具体经过,周总理边听边点头,随后又向钱三强询问了中国原子能科学的研究现状、科技力量、仪器设备、所需财力等情况。了解相关情况后,周总理让他们准备第二天的会议,主要讨论研究发展原子能事业的问题,到时带上铀矿石和简单仪器,现场演示。

1月15日,中央书记处扩大会议在中南海丰泽园书屋准时召开,李四光、刘杰、钱三强一起参加了会议。出席会议的还有刘少奇、朱德、周恩来、陈云、彭真、彭德怀、邓小平、李富春、薄一波等中央领导人。毛主席亲自主持会议,并开门见山地对李四光和钱三强说:"今天,我们这些人当小学生,就发展原子能的有关问题,请你们来上一课。"

会上,毛主席向李四光提出一个关键性的问题——中国有没有造原子弹的铀矿石。李四光向在座的各位国家领导人展示了在广西发现的铀矿石,肯定地说:"中国有铀!不过,在一般的天然铀矿石中,仅千分之几的成分可以提炼用作原子弹原料。"而要从矿石里提炼出这千分之几的铀,再浓缩成原子弹的原料,关键在于要有浓缩铀工厂。当然,铀矿资源也必须矿藏丰富才行。接着,李四光开始介绍铀矿地质与我国的铀矿资源及国内的铀矿勘察情况。

这时,周恩来提议:"先请他们做现场演示,咱们有了感性认识再听情况汇报。"于是,钱三强拿着盖革计数器凑近铀矿石,盖革计数器立即发出"咯啦咯啦"的响声,凑得越近,响声就越快越大。听了钱三强对这一现象的解释后,领导人们都十分振奋,毛主席也高兴地说:"这是决定命运的一刻!"有的领导人用手去摸矿石,被李四光及时阻止道:"摸不得摸不得,这石头有放射性,赶紧洗手,洗手!"

毛主席在一旁爽朗大笑,他一边用探测器测量矿石,一边说:"我们的矿石还有很多没被发现嘛!我们很有希望,要找!一定会发现大量铀矿。……我们有丰富的矿物资源，我们国家也要发展原子能。"

会场气氛很热烈，领导人们都对发展原子能事业表现出极大的热情和关注。会议接近尾声，毛主席作了总结讲话："今天听了好多情况。我们国家现在已经知道有铀矿，进一步勘探，一定会找出更多的铀矿床来。解放以来，我们也训练了一些人，科学研究有了一定基础，创造了一定条件。过去几年，其他事情很多，来不及抓这件事。这件事总是要抓的。现在到时候了，该抓了。……现在，苏联对我们援助，我们一定要搞好。我们自己干，也一定能干好！我们只要有人，又有资源，什么奇迹都可以创造出来。"

这一天，被定为我国发展原子弹的起始日，中国核工业由此起步。此后，李四光在中国核工业事业中一直处于领导核心，担任国家原子能委员会副主任、中国科学院原子核科学委员会主任委员。

当时在广西杉木冲发现的铀矿是个次生矿，开采价值不大，只能证明中国境内有铀。但李四光很看好中国的铀矿资源，他说："一是要找富集带，二是要便于开采。……在我国主要集中在几个东西构造带上，如天山-阴山东西构造带、秦岭东西构造带、南岭东西构造带。"后来的事实证明，李四光的预测是准确的。这些构造带，尤其是南岭带的一些铀矿床，不仅规模大，而且容易开采。在强调构造规律的研究时，李四光提出："关键要把对构造规律的研究与辐射测量结合起来。"

1955年4月，普委二办改为地质部第三局，开始了铀矿普查工作，并在最有可能发现铀矿的新疆和湖南分别成立了519大队、309大队……全国各地的铀矿地质勘探人员约有5万人，其中包括军人、科研院所的工程师、地质大学的学生等。

在北疆地区，519大队分成几个小队，进行网格化搜索。无论是山坳、山坡，还是荆棘丛、草地，队员们都仔细筛查，于1956年10月在克拉玛依市白杨河畔发现了铀矿。

航测普查飞机也开始出现在中国各地上空。1957年，航测发现江西崇仁的相山地区有一个山头存在伽马异常现象，于是飞机投下石灰包，然后由勘探人员在山林里找到石灰包落下的地点，在那附近开始找矿。经过进一步考察，发现一个裸露出地表长达15米的矿脉，附近还富集着许多次生铀矿物。种种迹象表明，这里很有可能是一个铀矿床。后来，果然在相山发现了几十个由大、中、小型铀矿组成的巨型铀矿田。

在华东的深山密林里，地质人员也在根据矿床规律寻找土地深处放射性的蛛丝马迹。他们胸前挂着苏制FD-114仪器，手中拿着探管，为了听到脉冲声，他们都紧扣耳机。当时的勘探防护很不到位，炸药炸开后，洞里粉尘弥漫，按照安全准则应该等粉尘落定再进洞勘察，但地质人员为了赶进度，往往在口鼻处捂一块毛巾就进去了，有时嫌碍事，随手便把毛巾扔在一边。

在粤北南岭南麓诸广山脉深处，覃慕陶、吴磊伯等人遵循李四光的思路，坚持按地质找矿的规律办事，每天早出晚归，工作10多个小时，最终找到了201、211特大型铀矿床。

到"二五"计划末期，我国的铀产量已经可以满足我国核工业的发展需求，建成湖南郴县（今郴州）711矿、湖南衡阳712矿、江西上饶713矿，以及衡阳铀水冶厂、包头核燃料元件厂、兰州铀浓缩厂等多座国有大型厂矿，全力生产核材料，为新中国"两弹"的研制成功做出突出贡献。李四光对此功不可没。

第九章 晚年的无私奉献

英国作家萧伯纳说:"人生不是一支短短的蜡烛,而是一支由我们暂时拿着的火炬,我们一定要把它燃得十分光明灿烂,然后交给下一代的人们。"诚如李四光的生命轨迹,他不是蜡烛,而是一把"光明灿烂"的火炬,在中华热土上无私燃烧了80余载。他用自己的一生践行了科学报国的理想信念,用实际行动为祖国的繁荣富强竭诚尽力。

1. 七十岁的新党员

李四光于 20 世纪 50 年代初回国后，民主党派如民革（中国国民党革命委员会的简称）、民盟（中国民主同盟的简称）、九三学社都纷纷向他伸出橄榄枝，欢迎他加入，但是都被他婉言谢绝了。实际上，他内心隐藏着一个愿望，那就是加入中国共产党。他曾经说过，参加祖国的社会主义建设事业，是他人生中的"黄金时代"。他还曾对夫人许淑彬说："有了共产党，中国就有了希望！"

尽管心向往之，但他一直认为自己离一个中国共产党党员的标准还有很远距离，对党的事业贡献太少。而且他年纪渐长，身体也屡屡欠佳，入党后不一定能起到共产党员的带头作用。所以，他在很长一段时间里把入党的想法深埋心中，没有勇气向组织吐露。他的女儿回国工作后，曾就入党问题批评他"在政治上太爱面子"。李四光接受了女儿的批评，但他认为这种"爱面子"的表现主要源于自己还不具备加入中国共产党的条件。

为此，他在日常生活和工作中总是以共产党员的标准严格要求自己，还经常提醒身边的工作人员不要搞自由主义，加强组织纪律性。

当有少数科技人员对共产党能否领导科学工作存在疑虑时，他以"党能领导科学工作"为题发表文章。李四光在文中通过对比中国解放前后科学界的实际情况，详细分析了中国共产党领导科学工作的具体作用，展示了中国共产党给科学界带来的勃勃生机。当然，他也不否认其中还有需要改进的地方，比如频繁更改某些科学工作部署、没有恰当安排科学家的工作等。但他在原则问题上的态度很鲜明，那就是没有共产党就没有新中国。

在1956年的政协会议上，他发言说："当我们向年长的先进朋友们学习的时候，特别是当我们体会到由于他们自己的努力光荣地获得党的赞许，以致连我们老一辈的人，大家也都从党对我们的关怀中得到无限温暖的时候……我们老一辈的人是没有理由妄自菲薄的。"这也是他当时思想的表露。

1957年1月，李四光因为过度劳累而身患肾病。经组织批准到杭州疗养，住在南山招待所。为了让李四光充分休息，除了国务院和地质部的有关领导探望外，其他的来访和外事活动一律取消。然而，李四光怎么可能彻底放下工作呢！他的房间里仍然摆满了工作的文稿和资料。

一天清晨，李四光和许淑彬刚吃完早饭，忽然听到外面有人说周总理来了，他们还未及反应，周总理已经站在了门口。打过招呼后，周总理询问了李四光的身体恢复情况和生活近况，突然话锋一转，问起他对加入中国共产党的想法。李四光不由得一愣，随后坦承表示自己多年来一直想入党，并说明没有提出来的原因。周总理耐心地说："现在搞社会主义建设，很需要知识分子为党工作。你不妨跟党组的负责同志谈谈自己的想法。"

这次谈话使李四光鼓起了勇气。1958年10月18日，他将一份字迹工整的入党申请书呈送到地质部党组书记何长工面前。他在申请书中写道：

几年来，我看见不少老朋友和许多青年同志，都在努力改造自己，力求进步，终于能够像婴儿投入母亲的怀抱那样，投入了党的怀抱。我常常想向他们学习，常常希望彻底地改造自己，争取踏踏实实地站稳无产阶级立场，对残余的乃至潜伏的资产阶级思想作坚决斗争。

如果我也能够最后光荣地参加党的大家庭，我相信一定有更多的机会得到同志们的更多帮助。我自己决心以"活到老，学到老"的精神来改造自己，使我这个个体能够更好地在党的领导下，为祖国的社会主义、共产主义建设服务，为中国人民服务，成为一个国际无产阶级先锋队战斗员。

第九章　晚年的无私奉献

地质部党组对李四光的入党问题进行了研究，地质部党组书记何长工、中国科学院党组书记张劲夫都表示愿意做李四光的入党介绍人，他们认为，李四光积极要求进步，已经具备了一名共产党员的基本条件。12月29日，李四光成为中共预备党员，一年后转为正式党员，成为一名70岁的新党员。古稀之年的李四光，在支部大会上，心情十分激动，他说自己像一个刚刚出生的婴儿，生命的新起点才开始。

李四光入党后，周总理对中央机关的干部说："李四光同志是辛亥革命的老同志，是一面旗帜，入党晚一些没关系，政治上不是摇摆不定的，后来对社会主义建设也做出很大贡献，你们要向他学习。"

1959年，在中华人民共和国成立10周年之际，李四光对一位外国友人说："加入中国共产党之后，我自豪个人能生逢这样伟大的时代，我深深地感到生活真有意义，生命值得珍惜。"在这种心理的驱使下，他似乎焕发出无穷的力量，在逝世前一年还编写完成了《天文、地质、古生物资料摘要》一书，以实际行动践行了自己做出的承诺："人民需要我做什么，我就做什么，一直到我做不动为止。"

2. 倡导开发地热资源

李四光在英国留学时,便开始关注地热资源的开发,把"蕴藏于地中的热"列为未来的几大能源之一。他在1931年发表于武汉大学理科季刊上的《地壳的观念》一文中,对地热(当时叫"地温")进行了重点论述,对于人们把蕴藏量有限的煤当作燃料烧掉表示惋惜。他认为,煤首先是化工原料,其次才是能源。

在主持地质部工作期间,他多次公开表示,中国不能再走西方国家的老路,将地球交给人类的遗产——煤炭一概当作燃料烧掉。为此,他把目光投向了地热。

一直以来,地质学家认为地球原本是一团高温物质,逐渐冷却后,慢慢在表面结成硬壳,形成地壳。从地壳表面向下,深度越深,温度越高。以火山喷发的岩浆为例,其温度可达1000~1200℃。李四光认为,地球是个庞大的热库,有源源不绝的热流,"地热能是可以取代煤炭、石油天然气的广泛开发的新能源"。

地热不仅是遍及全球、随地可取的能源,它与太阳能、风能、潮汐能等自然能源相比,不受季节气候的影响,是取之不尽、可以再生的绿色能源;而且地热的适用范围很广,可以用于取暖、制冷、洗浴、医疗、农业暖棚、灌溉等。地热能源的开发利用,将给全球人类的生活带来巨大福祉。

在 1956 年举行的世界科协成立 10 周年纪念大会上,李四光大声疾呼:"用不着想入非非就可以预料到,将来我们的子孙会责怪我们科学家,为什么眼看着像煤这样贵重的物质被随便当作燃料烧掉而默不作声。"为了进一步解决这个问题,1959 年,李四光在地质力学研究室成立了地热组,开始地热研究和实验,并派人前往苏联,跟苏联地热学家克拉斯科夫、留比莫娃学习。

作为地质部长,李四光平日的工作十分繁忙,但他始终关注地热的探寻开发,多次听取一线工作人员的工作汇报,做出许多重要指示。

1967 年,李四光在武汉听说江汉油田在沙市南面打油井时,从地下 3000 米深处突然冒出 100℃ 以上的热水,喷到空中落下来后,热水还有 97℃。这种高温高压型热水质量很好,是一种过饱和盐水,除了盐以外,还有很多伴生元素,如碘、钾、溴、铷等。在听取地热组汇报江汉地热情况后,李四光表示,这种高温、高压本身就是很宝贵的能量,应设法把地下的热能综合利用起来。他说:"地热是个大问题,它不仅是湖北的问题,也是全中国的问题,大一点说是全人类的问题。……地下热能的开发与利用,是在人类历史上开辟一个新能源,也是地质战线向地球开战的新战场。"

1970年10月27日,已经81岁高龄的李四光听说工作人员发现天津地热带后,亲自率队到天津视察地热工作,参观了红旗鸭场和河北宾馆。位于西郊区大任庄的红旗鸭场,地热井的水温在40℃以上,用于取暖和摘毛车间,每年可以节煤216吨。车间女工改用地下热水洗鸭后,因水中含有微量硼,大大减少手部溃烂的情况。鸭场表示,他们下一步还将考虑通过热水管道的地热来孵化鸡鸭。河北宾馆也打了一口热水井,水温达52℃,可用于洗浴、供暖。李四光听取汇报后,连声夸赞:"能节省煤炭,意义不小!"他说,天津从实际情况出发,利用中低温地热从事温室种植、居民洗浴和冬季供暖,是一件前无古人的事业,具有开辟道路的意义。

随后,他又视察了军粮城发电厂。在天津海河边,他久久凝视着浓烟滚滚的发电厂,当陪同人员告诉他这个电厂每年要烧掉几十万吨煤时,他惋惜地说:"如果把地热用到这里来,不仅能节约煤,而且还能减少很多城市污染!"

从天津考察回来后,李四光对女儿李林说:"要是把地热充分利用起来,我们可以节省多少燃料,可以给人民生活造很大的福利……"

在李四光的建议下,天津市组建了地质勘探队,进行地质调查和勘探施工,展开一场地热大会战。李四光认为,当务之急是搞清楚天津地下热水、冷水的分布情况、含水层究竟有几层、水量、水质的情况，这是打基础的工作。地质科学院、北京大学、北京地质学院等单位的专家学者也参与了这项工作。

12月3日，李四光在和北京地质学院地质力学系筹建小组成员谈话时说："围绕利用热水做些工作，不一定只是发电，现在工业流程中局部需要热能可用，也可取暖，煤很贵，当燃料烧了太可惜，它同时还污染空气。从国外材料看，美国、日本有些大城市污染得住不了人，从高空看城市像个烟罩子，硫变成二氧化硫，遇到空气中的水汽变成硫酸，人一旦吸进去，危害健康无疑。这是尼克松面临的十大难题之一。在洛杉矶，水被污染，有钱人迁居他地，穷人走不了，自己给自己放毒。"

在李四光的倡导和推动下，地热开发利用在北京、广东、福建、云南、四川、西藏许多省市蓬勃开展起来。从1970年至今，在50年时间里，我国地热的开发和利用已经取得了很大成绩，不仅有效节省煤炭资源，还减少一定量的有害气体排放。

3. 挂帅发展地震预报

新中国成立后，李四光迎来了科学事业发展的春天，科研成果频出，几乎每年都有地质学方面的学术论文发表，如《受了歪曲的亚洲大陆》（1951年）、《关于地质构造的三重基本概念》（1953年）、《旋卷构造及其他有关中国西北部大地构造体系复合问题》（1954年）、《莲花状构造》（1957年）和《东西复杂构造带和南北构造带》（1959年）等，大大丰富和发展了地质力学的内容。同时，孙殿卿等在柴达木盆地和云南等地的工作，吴磊伯等在大别山地区、湘南地区的工作，也都有所进展。有的外国学者也从不同角度或者从某一方面开展了地质力学的研究。李四光认为，这些都需要进行系统的总结。

1958年冬，李四光到青岛疗养，尽管同时患有高血压和心脏病，但他仍坚持写作。他的房间里经常彻夜灯火通明，但长久伏案工作显然对他的健康更为不利，于是，他决定采用自己口述、秘书记录，然后加以整理，再由他过目修改和补充的办法进行写作。他争分夺秒，无论在海边散步还是在树下避雨，无论在汽车上还是公园里，他都让秘书随行，随时记录他口述的内容，甚至连理发的时间也不错过。他的精力总是那么旺盛，思考问题又是那么缜密，记忆力惊人，前面讲过的内容，他到第二天乃至一段时间后仍记得清清楚楚，总能顺着之前的思路往下讲。

经过无数个日夜的辛勤工作，1962年年初，《地质力学概论》这部20余万字的著作终于脱稿。它总结了李四光40年的实践经验，在研究地质构造现象和探索地壳运动规律方面找到一条崭新的途径，并在整个世界地质学史上，

第九章 晚年的无私奉献

首次对地质构造体系进行明确分类：一是纬向构造体系，即横亘东西的复杂构造带；二是经向构造体系，即南北走向的构造带；三是各种扭动构造体系，包括"山"字型、"多"字型、"人"字型和旋卷构造、棋盘格式构造等。这样一来，人们对于构造体系的认识更加系统化，结束了此前相关著作中对这类问题的混乱描述。

李四光认为，地质力学是构造地质学和动力地质学之间的桥梁，是解决地壳运动问题的必然途径。而这个理论的建树，也可以视为建立地震预报学的基础。

中国是一个地震多发地区，这些地震大多是由于地质构造运动而引起。长期以来，人们对地震充满恐惧，但又束手无策，不知如何应对。新中国成立初期，中国科学院设立了地震台站等地震工作机构，负责地震观测、现场考察和人才培训，但人员和机构都比较分散，不利于统一管理。1953 年 11 月，中国科学院成立地震工作委员会，李四光兼任主任委员。对于地震这种地质现象，李四光认为，既然无法避免，那就把危害降到最小，提前做好判断，防患于未然，让人们及时转移。所以，他对地震地质和地震预报工作很重视，从 1955 年开始便探索地质构造与地震带分布的关系。

1962 年，广东新丰江水库发生强烈地震，地震导致水库大堤多处开裂。周总理召开紧急会议，安排有关单位负责抢险，同时要求李四光成立地震地质大队进行考察研究，积累地震预报经验。

1966年3月8日清晨，河北省邢台地区发生了7级以上强烈地震，震区位于隆尧、宁晋、新河、巨鹿四地间地带。地震引起了地表广泛变形，地面大幅度升降，出现密集裂隙，沿裂隙带普遍发生涌泉冒沙，造成墙屋倒塌、道路和桥梁严重损毁，人民的生命财产损失惨重。

当天下午，周总理要求国务院地震委员会召开紧急会议。在会上，周总理沉痛地说："这次地震造成了很大损失，也向我们提出一个严峻的问题，我们的科学工作者能不能预测地震呢？如果预先知道地震时间，就可以采取预防措施，减少地震损失。"

不少在场的人低头沉默不语，因为当时世界上还没有人能解决这个难题。周总理把目光投向李四光。李四光会前已做了相关准备，他首先肯定地表示："我认为地震是可以预测的。"接着，他从地质构造带和地应力等方面详尽阐述地震可以预报的结论。

周总理认真地听着，脸上的神色也不再那么凝重，他语气坚定地说："李老力排众议，认为地震可以预报，这很好！世界上没有不可知的事物，我们就是要突破科学难题，发扬独创精神，找出地震形成和发展的趋势规律，总结经验。"

会后，李四光根据周总理的指示，组织地震地质考察小队连夜赶赴震区。他自己则坐镇北京，指挥工作人员通过地层、电场、磁场、重力场的变化等资料进行各种复杂的比较分析。

地震地质考察小队深入震区后，在隆尧尧山打了一个测量地应力的浅孔，然后在紧贴孔壁的3个不同方向安置电感器，以观测地应力变化。这些装置是在邢台地震发生前在李四光的指导下研制的。随后，李四光又指示考察队在尧山附近打一个百米左右的深孔，测量地应力，进行对比研究。

这段时间，他食不甘味、夜不安寝，几乎天天守在北京的指挥所里，等待尧山的消息。他把每天的地应力变化绘制成曲线图，仔细分析研究，监视震情的演变。

3月22日下午，邢台地区又发生一次强震。地震地质考察小队报告说，地震发生时，有个小组正在野外考察，捕捉到一个千载难逢的奇异现象——隆尧南阳楼东南的一片枣林明显地向北来回反复转动。李四光认为，这一现象为邢台地区遭受此次强震的某些地点所发生的水平旋扭运动提供了明确证据。

邢台地震发生后，周总理三次亲临灾区视察，正在病中的李四光知道后深受感动，也很想到灾区看一看。但医生嘱咐他不能有过多或过重的体力活动，而且许淑彬也断然拒绝了他的这一要求。但77岁的李四光执意要去，许淑彬无奈，只得同意。李四光并非不明白许淑彬的心意，但灾情严重，他又岂能坐视。他对许淑彬说这个时候让他去前线"才是真正的关心和爱护"。临行时,许淑彬特地为他准备了一暖瓶面条,以备车上食用。

在尧山,李四光视察了设在那里的地震观测台和地应力观测站,考察了地震引起的各种地表形变现象,还和科学工作者一起探讨地震预报的途径,分析今后地震可能发展的趋势。一直忙到天黑他才上火车休息,火车到达北京时,他还在熟睡当中。下车后,他神采奕奕地对前来接他的许淑彬说:"看来出差是治疗失眠症的好办法。"

不久,在李四光的亲自指导下,地震地质考察小队向国务院呈交了一份《邢台地震地质初步考察报告》,概括论证了地震发生的原因与急需解决的几个问题。

对邢台地震的考察研究,大大增强了李四光通过测量地应力来预测地震的信心,他根据现场调研掌握的具体情况,投入到进一步的研究中。为了证明地应力的存在,他还在北京郊区的房山做了一次地应力解除试验,并获得成功。

1968年初春的一个深夜,李四光突然接到国务院总理办公室打来的电话,请他参加紧急会议。李四光迅速赶到国务院小礼堂,发现会场气氛格外紧张。周总理见李四光进来,请有关人员简单介绍了情况:前段时间,北京周围一直有轻微地震,但是从昨天开始却突然停止了,一些动物也有反常表现。根据这一情况,有关专家认为,大概今晨7时左右,北京市可能发生7级左右的地震,建议立即

第九章 晚年的无私奉献

通知北京市民到室外空旷处躲避。

与会人员分别发表意见，但并未得出确切的结论。最后，周总理又把目光投向李四光："李老，请你说说，情况真的这样紧急吗？"

在开会之前，李四光已打电话向北京及周边的几个地应力观测站了解情况，得到的回复都是这几天地应力值没有异常表现。他心里稍微有了些许把握，审慎地分析道："从邢台等地区地应力的长期观测来看，如果有大震，一般会有明显的、不稳定的、异常的地应力变化数据，但现在北京市郊的观测点并没有发现异常情况，证明至少北京及周边近期不会发生地震。另外，北京处于周边断裂带的中间，发生地震的可能性相对小一些。而且北京历史上也没有发生强烈地震的记录。加上华北地区的几次连续强震，已经释放了一些地下能量，也减轻或削弱了北京近期发生强烈地震的可能性。所以，我认为北京市区暂时不存在紧急情况。"

李四光分析完毕，建议最好不要发警报惊扰北京市民，初春时节天气寒冷，几百万人搬到室外去住，将造成很大的混乱。

周总理经过慎重考虑，采纳了李四光的意见。散会时已经是凌晨3点了，李四光回家后，一夜没有合眼，结果正如他所料，北京安然无恙。天亮后，他终于长长地松了口气。

1969年7月18日,渤海发生地震。为了加强对地震工作的统一领导,中央决定成立地震工作领导小组,由李四光担任组长。李四光深感责任重大,尽管已经八十高龄,而且动脉瘤随时可能破裂,但他仍亲力亲为,多次前往房山、延庆、密云、三河等地区调查地震现象,分析研究了大量观察资料。直到逝世的前一天,他还对医生说:"再有半年,地震预报就有结果了……"

4. 蜡炬成灰泪始干

无论地质考察还是行政管理,李四光凡事都讲求"认真"二字。20世纪50年代,他除了担任中国科学院副院长、地质部长外,还有很多兼职,如中科院古生物研究所所长、地震委员会主任委员、中国科学院原子核科学委员会主任、地质部普查委员会主任、全国石油地质委员会主任委员、中国科学技术协会主席等等。此外,作为全国政协副主席、历届全国人大代表,以及中苏友好协会副会长等,他还积极参与国家事务。他从不接受挂名的职位以及徒有虚名的官衔,无论多么繁忙,他都坚持亲自处理工作中的许多事情。因此,人们常说:"李老的日程表上,几乎找不到个人的休闲时间。"而长期超负荷的工作,也严重损耗了他的身体。

第九章　晚年的无私奉献

1957 年 1 年，李四光查出肾脏病，于是到青岛疗养。疗养期间，他坚持工作，身体稍好转便到附近考察地质。到 9 月份，他的肾病加重，突然大量便血，经疗养院检查，发现左肾有一个圆形的阴影，怀疑是肿瘤。北京方面派来内科专家马万森和泌尿科专家吴阶平，仔细检查后，他们建议李四光马上返京会诊，进行手术。11 月，手术顺利完成，最后证实李四光患的不是肿瘤，而是肾结石把左肾磨出个大水泡，但因病情仍在继续恶化，所以切掉了左肾。手术后，李四光的身体十分虚弱，12 月中旬，他来到颐和园介寿堂疗养，除了接受必要的治疗外，又继续研究工作。

1965 年 1 月 4 日，根据第三届全国人民代表大会第一次会议决定，李四光继续担任地质部长，这一年他 76 岁。一个 76 岁的老人，还可以做些什么呢？李四光决定把自己的学术著作修订一遍，可还来不及动笔他就感到身体不适，到医院一查，发现左下股有一搏动性肿块。随后，医生会诊确定他患了左髂骨总动脉瘤。至于这个肿瘤是良性还是恶性，需要做血管造影才能确定。

针对治疗方案，医生们持两种意见：一种是动手术，切除动脉瘤，免除后患；一种是保守治疗。因为李四光年迈体弱，又有多种疾病，尤其还患有冠心病，恐怕难以承受大型手术。李四光本人则坚决不同意做手术，认为即使手术成功，他的寿命也得不到延长。何况，假如手术后变成残废，反而成为国家的负担。所以，他选择用剩下的时间多做些有益于人民的事情。

医生们经过反复讨论，决定尊重李四光本人的意见，采取保守治疗，但要求他绝对休息，不许工作。

李四光欣然同意，但医生前脚刚走，他就坐到了写字台前。这一次，他要写的是《地质力学的方法与实践》。他认为前不久刚完成的《地质力学概论》只是一个开始，因此他将其作为新作的第一篇。实际上，地质力学这门学科还需继续深入，将很多内容归纳和总结。李四光总有一种"时不我待"的紧迫感，他忘记休息和吃午饭，直到晚饭时，家人才发现他整天都在工作。许淑彬为此跟他大发脾气。

有时写累了，他就趁人不注意到所里去看看，甚至到实验室去。一天，他到所里时正好赶上一个汇报会，听完汇报后，他听说有位老同志从野外回来后就病倒了，住在医院里。他打听到医院的地址和病房后便来到医院，吃力地爬上4楼，看望了那位即将做手术的老同志。看到年老多病的老部长来看望自己，那位老同志感动得热泪盈眶，精神上得到极大的安慰。李四光关心部下的事迹不胜枚举，地质部的工作人员都很尊敬爱戴他，私底下都叫他"我们的老部长"，甚至有人亲切地称他"李老头儿"。

周总理得知李四光患上动脉瘤后，非常关心，要求李四光不再参加任何会议和外事活动，地质部和中国科学院要减轻他的工作，非重要事务不要去打扰他；同时要求医院用最好的医生、最好的药,并随时报告治疗情况。周总理还交代,一旦李四光病情有变,要迅速组织抢救。

1967年,在周总理的关心下,李四光到北京医院检查身体,发现肿瘤有所增大,发展成了圆形肿块,随时有可能发生破裂或栓塞。医生建议他避免繁重的工作和体力劳动,以减缓病情发展。但李四光忙于地震预测工作,无暇顾及这些。

1970年冬,北京格外寒冷,李四光的身体出现不适。当时国务院科教组有个会议,秘书和医生都一再劝阻他不要参加,但他还是坚持来到会场,认真听取发言。其间,他感觉身体一阵阵地发冷,裹紧大衣仍直打哆嗦。他知道自己又要犯病了,但还是坚持到会议结束才回家。

回到家里,来势凶猛的病情让他瞬时失去抵抗,先是全身发冷,然后又发烧,心跳和血压也都显示不正常。之后,他被送进了北京医院。治疗20多天后,他要求出院。由于他的动脉瘤在这期间一直在变大,医生一再提醒他要注意休息,务必要停止工作。李四光满口答应,可一回到家,他又埋头研究地震预报的方法,家里人看在眼里,急在心头,但又束手无策,只能一遍遍劝他休息。

不出所料,李四光很快又病倒了,这次他的血压波动得很厉害。经过医护人员的精心救护,他的血压慢慢恢复了正常。这时他又要求出院,医生坚决不同意。不久,李四光得知自己的主治医生出差,又去请求护士长让他出院。

但护士长不容商量地说:"没有医生的许可,谁也不能同意您老出院,这是医院的规定。"李四光无奈,只得安心在医院住下来,配合治疗。治疗渐渐有了起色,他可以轻微活动了。但出院后,他又一头钻到地震预报研究中。

1971年4月20日,李四光拖着病体,认真听取了石油部第二海洋石油地质考察队的汇报。会议一连开了两天,他强打精神,似乎忘记了病痛。其间,他还扶着桌子站起来,兴奋地发表了自己的看法,一讲就是一个多小时。望着在座的年轻地质工作者,他眼中充满赞许,激动地说道:"同志们,你们是我的好老师!渤海的风浪那么大,你们在那里坚持工作,你们很辛苦!希望大家在这个基础上,再接再厉,为我们国家找到更大的油田!"

这是李四光最后一次与基层考察队谈话。散会后,他已筋疲力尽,无法走路,人们连忙把他送回家。许淑彬见到众人搀扶下心力交瘁的李四光赶紧过来扶他,李四光却摆摆手,自己挣扎着走到床边,幽幽地倒在了床上。

李四光晚年就是这样争分夺秒地拼命工作,他似乎是要与死神赛跑。许淑彬见状万分不忍,压着哭腔劝道:"你的病这么重,医生不让你工作,你就听医生的话吧!"

李四光叹了口气,沉重地说:"我没有时间休息了!用地应力的方法预测地震,大方向是对的。可是,怎么精确地测定地应力,还没有摸到门路。如果现在还搞不出个眉目来,就是死了,也对不起党和人民……"说着他不禁

第九章 晚年的无私奉献

哽咽了,许淑彬在一旁也跟着抹眼泪。

李四光的身体越来越虚弱,他左侧的总动脉瘤随时都有破裂的危险。他预感到自己时日无多,更加拼命工作。在生命的最后时刻,他想尽己所能地把自己的学识和方法留给后人,留给祖国。

4月24日,李四光的体温骤升到38℃,被紧急送往北京医院。

4月28日下午,北京医院约请阜外医院的心血管专家前来会诊,李四光对医生说:"大夫,请你坦率地告诉我,我的病情有多重?究竟还能活多长时间?让我好安排一下工作。总理交给我的地震预报工作还没有完成,地热的开发工作还有待开始……"医生被李四光那执着的工作热情深深打动,不知道该对这位可敬的老科学家说些什么,只能尽力安慰他好好养病,他们将尽全力救治。

当天下午,李四光又和秘书谈了很久关于地震方面的工作,并叮嘱秘书第二天早上把大幅的中国地图带到医院来,他有一些防震预报工作要安排下去……然而,他再也没有见到秘书带来的中国地图。

4月29日上午8点30分,李四光突然感到肚子剧烈疼痛,并很快陷入昏迷。医生检查发现,他的总动脉瘤已经破裂,于是立马组织手术,但因为血管硬化,人造血管无法连接,只得进行包扎。然而包扎完毕时,李四光的心脏也停止了跳动。

这位伟大的地质学家，带着事业未竟的遗憾及对未来科学的憧憬，离开了人世！在人间行走了82年，他的足迹遍布全世界，此刻，他走过的山川在哀鸣，他趟过的河流在呜咽……

5月2日，天空下着毛毛细雨，李四光的遗体告别仪式在八宝山革命公墓举行，由中国科学院院长郭沫若主持。周恩来总理亲自宣读了李四光的女儿李林致慈父的一封信作为悼词。信中记述了李四光一生的经历和临终的嘱托：希望他念念不忘的地震预报、地热利用和海洋地质等各大科研项目后继有人，希望这些研究成果永远造福于中国和全世界人民。

在场的所有人都被这位伟大的科学家那博大的情怀感动了，他们沉默悲痛地怀念他。周总理宣读完毕，缓步走出小礼堂，看着聚集在礼堂门口的送行人群，用略带沙哑的声音问道："你们是搞地质的吗？"

人们回答："是的！"

"搞地震的同志来了没有？"周总理又问。

"来了，我们来了！"

周总理环视了一阵，说："现在任务交给你们了！刚才我念过李四光同志生前说的话，他说过，他对地震预报有很大的信心。这不仅是赶超世界先进水平的问题，更重要的是保障人民生命财产的大问题。你们一定要像李四光同志那样工作，还要整理和学习他的遗著……"

第九章　晚年的无私奉献

"请总理放心。"在场的人回答道。

几十年过去了,李四光那矢志不移的爱国情怀、实事求是的科学品格、鞠躬尽瘁的奉献精神,仍然激励着一代又一代的地质人。他的不忘初心,砥砺前行。2009年9月,李四光被评为"100位新中国成立以来感动中国人物",颁奖词评价他是"新中国地质事业群星中最为明亮的一颗"。一个月后,10月4日,经国际天文学联合会小天体提名委员会批准,中国科学院和国家天文台把一颗小行星命名为"李四光星",而李四光的精神也将永远光被四表。

附录　李四光大事年表

1889年10月26日，出生于湖北省黄冈县（今黄冈市团风县）回龙镇下张家湾村。

1902年，到武昌报考西路高等小学堂，并改名为李四光。

1904年7月，官费赴日本留学，入东京弘文学院普通科学习。

1905年7月，宣誓加入同盟会。

1907年9月，入大阪高等工业学校舶用机关科，学习造船机械。

1910年7月，从大阪高等工业学校毕业，回国后在湖北中等工业学堂任教。

1911年10月，任湖北军政府理财部参议。

1912年1月，任中央政府驻武汉汉口特派建筑筹备员、中国同盟会湖北支部书记。3月，担任湖北军政府实业司司长。7月提出辞职,退出袁世凯政权。

1913年,前往英国留学,考入伯明翰大学,先学采矿,后改学地质。

1919年,获英国伯明翰大学自然科学硕士学位。

1920年,前往德国、法国考察工矿区及地形,后返回中国在北京大学地质系任教授、系主任。

1922年,当选为第一届中国地质学会副会长。

1923年1月,与许淑彬结婚;同年10月,女儿李林出生。

1928年,任中央研究院地质研究所所长。8月,任武汉大学建设筹备委员会委员长。

1929年10月,武汉大学新校舍落成,与蔡元培等人参加落成及开学典礼。

1931年,获英国伯明翰大学自然科学博士学位。

1932年,任中央大学代理校长。

1937年,任中央大学理学院地质系名誉教授。11月,率中央研究院地质研究所迁往广西桂林。

1944年,率中央研究院地质研究所经贵阳迁往重庆,并在重庆大学担任教授,开设了全国第一个石油专业。

1948年,当选为中央研究院院士。2月,赴英国伦敦出席第18届国际地质大会。被挪威奥斯陆大学授予哲学博士学位。

1949年秋,中华人民共和国成立在即,被邀请担任全国政协委员。

1949 年 12 月，起程回国。

1950 年，任中国科学院副院长、中国地质工作计划指导员会主任、中华全国自然科学专门学会联合会主席。

1951 年 4 月，当选为世界科学工作者协会执行委员会副主席。8 月，任东北地质学院首任院长。

1952 年，回中国科学院地质研究所工作。9 月，任中华人民共和国地质部部长。

1954 年初，任全国石油天然气普查委员会主任委员。

1955 年，被选聘为中国科学院学部委员（后改称院士）。

1956 年 2 月，在中国科学院成立地质力学研究室，兼室主任。两年后，室改成所，兼任所长。

1958 年 6 月，被苏联科学院授予外籍院士称号。8 月，任中国科学院原子能委员会主任。9 月，任中国科学技术协会主席。12 月，加入中国共产党。

1962 年 1 月，出版《地质力学概论》。

1969 年 4 月，被选为中国共产党第 9 届中央委员会委员。

1970 年 8 月，任国务院科教组组长。

1971 年 4 月 29 日，因病逝世，享年 82 岁。

后 记

  关于竺可桢、华罗庚、苏步青、童第周等科学家，相信很多人在中小学课本里对他们的事迹就有些了解。他们爱国敬业、勇于探索、自力更生、发奋图强的精神和淡泊名利、甘为人梯的高尚人格，一直令我深受鼓舞，这种情怀也伴随着我成长。参加工作后，编撰一套科学家榜样丛书，让他们的精神广为传承与发扬，让不同年龄层的读者通过阅读他们的事迹得到精神方面的滋养，也成为我的一个心愿。

  在一次选题论证会上，大家畅所欲言、各抒己见，我也说出了多年来深藏心底的想法，结果得到同事们的极大认可，并且都跃跃欲试，想要参与其中，这让我心里有说不出的高兴与感动。很快，我将本套丛书的策划案以电子邮件的形式发给华中科技大学出版社大众分社的亢博剑社长,几天后收到亢博剑社长的回复。他在邮件中明确表示,总社、分社一致通过了本套丛书选题,希望尽快组织编写,争取早日付样。在此,谨向华中科技大学出版社总编姜新祺、大众分社社长亢博剑及所有参与审校的编辑老师表示深切的感谢!

选题确定后,公司马上成立了编写团队,一方面联系科学家的家人、好友及同事进行采访,一方面到各省市的纪念馆搜集一手资料,然后进行整理、归档、撰写。为了保证史料的严谨性,我们查阅了大量资料;为了更好地诠释老一辈科学家的科学精神和家国情怀,我们对书中的文字反复进行修改润色。经过将近一年的努力,初稿完成,并特邀海军大校、《海军杂志》原主编、海潮出版社原社长刘永兵编审审校。本套丛书还有幸得到了中国工程院原党组成员、秘书长兼机关党委书记,曾任钱三强院士专职秘书多年的葛能全先生审订。初次拜见葛老时,我们介绍了出版这套丛书的初衷及编写过程,葛老赞许道:"你们还坚持这份初心,不容易!我对这套丛书的 10 位科学家颇为了解,他们也是我的青年导师。"葛老当场提出无偿帮助我们审订这套丛书。从 2019 年 5 月初至 2019 年 10 月底,葛老不畏暑天炎热,对 10 本书稿进行了逐字逐句的审校,并提出许多宝贵的修改建议。

在本丛书的编写过程中,李建臣先生于百忙之中也给予了许多宝贵的指导和建议,并在团队多次真挚的邀请下,

后 记

同意担任本套丛书的主编。

在此谨向葛能全先生、李建臣先生、刘永兵先生致以诚挚的感谢和崇高的敬意!

由于编者水平有限,加上本丛书涉及人物众多,难免有不准确、不妥当之处,尚祈广大读者批评指正。